# The Simplicity Principle

Six Steps Towards Clarity in a Complex World

# 六维法则

## 世界很复杂，你要很简单

［英］茱莉亚·霍布斯鲍姆 著
Julia Hobsbawm
李 冠 译

浙江人民出版社

**图书在版编目（CIP）数据**

| 浙 江 省 版 权 局 |
|---|
| 著作权合同登记章 |
| 图字：11-2020-137 号 |

六维法则：世界很复杂，你要很简单 / (英) 茱莉亚 · 霍布斯鲍姆著；李冠译. — 杭州：浙江人民出版社, 2022.10

ISBN 978-7-213-10609-5

Ⅰ. ①六… Ⅱ. ①茱… ②李… Ⅲ. ①思维形式 Ⅳ. ①B804

中国版本图书馆CIP数据核字（2022）第082246号



**六维法则：世界很复杂，你要很简单**

［英］茱莉亚 · 霍布斯鲍姆 著 李 冠 译

出版发行：浙江人民出版社（杭州市体育场路 347 号 邮编：310006）
市场部电话：（0571）85061682 85176516
责任编辑：陈 源
特约编辑：涂继文
营销编辑：陈雯怡 赵 娜 陈芊如
责任校对：王欢燕
责任印务：刘彭年
封面设计：刘红刚
电脑制版：北京之江文化传媒有限公司
印 刷：杭州丰源印刷有限公司
开 本：880 毫米 ×1230 毫米 1/32 印 张：8
字 数：157 千字 插 页：1
版 次：2022 年 10 月第 1 版 印 次：2022 年 10 月第 1 次印刷
书 号：ISBN 978-7-213-10609-5
定 价：58.00 元

感谢杰西卡·莫里斯

卓越的六边形思想家和我们的人才库创始人

感谢她单纯的勇气

为了纪念汤米·赫尔斯比

我非常怀念他

世界上最好的蜜蜂

只能教它自己知道的东西。

——朱利安·弗朗松

# 前言

天下本无事，庸人自扰之。

——陆象先

我创作《六维法则》这部作品，是为了让我们在如今这个充满机器的世界中，重新用人与人之间普遍的尺度和水平相互连接，并把我学到的知识和多年得来的经验分享给大家。我会尽可能地遵循简单这个原则，因为当我这样做的时候，我的感觉会变得更加敏锐、会更有创造力、更有效率且会让我觉得我的生活渐入佳境。而当我没有遵循自己的原则时，立刻就能觉察到事情的不对劲，比如，一个星期没有锻炼或者在假期吃了很多不健康的食物。

简单是一个古老的概念。早在14世纪，英国的逻辑学家、圣方济各会的修士威廉就说过：简单比复杂更有效。他曾经写过"如无必要，勿增实体"（*Numquam ponenda est pluralitas sine necessitate*）这样一句话，即"简单有效原理"。这句话现在已经广为人知，被称为“奥卡姆剃刀定律”[①]。我认为它也是这本书对14世纪一个很好的总结。

在更早的时期，希腊哲学家亚里士多德曾提出过“幸福感”的概念，它传达的是一种快乐的感觉。这个说法如今遍及世界各地，当你状态特别好的时候，每件事都会配合得天衣无缝，做起来如同行云流水，尽管你也不能确定是什么原因让事情进展得如此顺利。它就像第六感一样，你只是知道什么是对的，然而那只是一种单纯而笃定的感觉。可现如今，我们很少和别人提及自己最近状态有多好，反而更多的是彼此在谈论“适应”——仿佛我们的首要任务是活下去，而不是去生活。在一个被速度、等级、压力和不确定因素所困扰的世界，我们似乎很难做到健康、幸福地发展，人们进步和失败的标志随处可见。我们被一张复杂的网箍住，它将我们紧紧地捆绑在其中，令人感到窒息。我们管理着大量的代码和密码并努力在离线与在线之间保持着平衡，好像我们都是经验丰富的杂技演员一样。这些已经成为常态，但这真的正常吗？也许可以用一个新词表达，那就是“新常态”，它通常存在于一个非常复杂的情况下。

我们追求简单并不是说只是掌握对技术的应用。没有人会认为我们生活变得复杂是因为互联网的诞生。人类需要什么就会去制造

---

① 奥卡姆剃刀定律又称“奥康的剃刀”，它是由14世纪英格兰的逻辑学家、圣方济各会修士奥卡姆的威廉（William of Occam，约1285—1349年）提出。——译者注

什么，甚至新一代人工智能和机器人都是由我们设计、制造和监控的。所以这种改变自古就有，没有什么技术含量，并不显得多么现代化，也不是什么高科技，更不会有多么昂贵，我们每个人都负担得起，因为我们可以用不同的方式去思考和处理事务。

这是一本和你探讨“如何做”的书，它不仅适用于个人，也适用于团队、领导以及那些像我一样在内心深处反复咀嚼着“事情不一定非要这样”的人们。无论你在生活中扮演着什么样的角色，学生、商业领袖、经理、自由职业者、兼顾工作和孩子的父母或者刚退休的人士，这本书都是适合你的。我创作这本书就是为了帮助你摆脱过多的选择和复杂的生活现状，同时让你控制自己的注意力，提高效率。

我这本书也是为了自己而写，我希望目前虽然快乐但有点超负荷的生活能过渡到简单的状态。和你们一样，我在生活中也扮演着各种角色并担负着不同的责任，同样意识到“效率”并不是指把所有的时间都用在工作上，也不是一直在线，而是在工作和家庭生活之间找到平衡。我有超过30年的顾问、企业家和教育家的经验，在倾听别人想要解决什么问题的同时，自己也一直在学习。于是我得出了一个结论——简单性原则。

我的建议其实很简单：我们的生活不一定非要被繁杂的现状所支配或者是变得更加复杂，我们可以学着让生活简单化，把精力和智慧放在我们关注的事情上面。我想分享的是在各种境遇之下依旧能保持将事情简单化并最大限度减少复杂状态的方法。简单性原则基于这两个中心思想，用八个字概括就是：保持简单，遵循自然。

简单本身就是复杂的对立面，如果减少事务的复杂性，它会带来专注、效率、创造和平静。生活确实会趋向于复杂，是因为我们有时候会主动让生活朝复杂的趋势发展。环顾四周，你就会发现，日常生活、学校生活、工作生活和普通人生活简直就是一个乱七八糟的“体系”，像扯乱的毛线球。但如果我们具备简单的思维方式，就可以通过努力让难缠的事情迎刃而解、让复杂的事情变得简单。所以，是时候做点什么了！总有一些事情是我们可以简化的，而我们简化生活的能力往往是成败的关键。

我们可以向自然和科学学习，在生活中简单地遵循一种被我称为“六边形行动”的行为模式。我们在很多地方都可以看到这种“六边形”——雪花、碳周围的六角原子（生命的关键组成部分之一）还有蜂巢，它们都是这种简单且有效的形状。同时，数字6本身就是数学中的“完全数”，也是一个我们经常使用的数字编号。为了达到简洁的效果，海报也会使用六边形。这是一个拥有无限力量的形状，非常有用，能让我们从中受益。蜜蜂是使用“六边形行动”最典型的物种，它们和我们一样既是“社会型”物种，又是“超级个体”，它们也可以通过依靠其他个体突破自我。

那么，我们可以用八个字来概括简单性原则，就是：保持简单，遵循自然。

## 从简单到繁荣

将简单性原则付诸实践会让人感觉事情简单且正确。思考和改变行为都需要做出承诺、有好奇心，需要反复试验，这几点虽然我们常常感到做起来不太容易，但其实并不复杂。除了买这本书需要花点钱之外，你不用再准备其他东西，也没有什么是需要你特别注意和努力做到的。你仅仅需要从书中发现能激发你的兴趣或者让你兴奋的地方，你也可以尝试着做点什么，哪怕持续六个月、六小时甚至只有六分钟。

当你运用简单性原则的时候，我希望你能有所成长，你会第一次体会到那种任由自己蓬勃发展的感觉。当然，如果你觉得生活还不错，只是忙忙碌碌但没有超负荷运转，同时自己有着丰厚的回报也并不对生活感到沮丧，那说明你已经建立起了“个人的处事体系”，可以放下这本书，节省一些宝贵的时间！

我当然希望你能继续读下去，这样我不仅可以分享我的想法，还可以分享一些关于如何思考和行动的有趣发现，会让你觉得有些用处。我希望你能明白，简单性原则对做事、思考和日常行为都是很有用的。我也希望“六边形行动”模式能像坚持每天走一万步，每天吃五份水果和蔬菜一样，对你的生活和事业有所帮助。简单性原则是一种除了健身之外的全新的健康生活方式，它属于社会健康的一部分。在这个数字时代，它不仅涉及如何与我们的生活连接，如何与技术连接，还会指导我们彼此之间如何连接。

继续读下去，你将会发现可以用一种非常直接的方法，从源头简化你看待生活的方式，给大脑留出空间，提高效率和注意力。

那么，我们可以开始了吗?

# 引 言

简单比复杂更难：你必须付出巨大艰辛，化繁为简。但这一切到最后都是值得的，因为一旦你做到了，你便能创造奇迹。

——史蒂夫·乔布斯

## 始于“KISS”

20世纪80年代时，我20多岁。那时，我第一次在这繁杂的生活中产生了“简单生活”的想法，而当时我的生活已经比现在简单得多。我的职业生涯也是从那时候开始，在一家名叫维拉戈的小出版社工作。在那里我有幸和伟大的美国诗人、学者和民权活动家马娅·安杰卢一起工作，她给我留下了非常深刻的印象。

马娅的身高最少有1.8米，她的嗓音和表现力都特别棒，只要她一说话，你就会特别想听下去，实在令人难以置信！

马娅在私底下非常喜欢背诵格言，这时她会面带微笑摆出一个夸张的姿势，还会喝上一杯威士忌，但大多数时候，她都是一本正经的样子。作为一个诗人，马娅明白简单的用词往往能产生最好的效果。我记得，曾经有人说："我会非常诚实。"马娅听到后便追问道："不想更直接一点吗？只说'诚实'还不够诚实吗？其实你只要说'我会诚实'就好，不用这么复杂地加上'非常'。简单一点，亲爱的。"

马娅特别喜欢一句话，也许你也听过："KISS"（Keep It Simple，Stupid的缩写），意为"保持简单，简洁易懂"。但马娅·安杰卢觉得这句话里的"愚蠢的"（stupid）有些粗鲁，她不喜欢，所以用属于她的诗歌语言重新修改了一个新版本，将"愚蠢的"（stupid）一词替换为"甜心"（sweetie）。这个改动我非常喜欢，一词之变，就是一次飞跃。

不管怎样，"KISS"既严肃又简单。回望过去，你会发现没有社交媒体的生活会更简单一些，但事实上，只是形式不同而已。19世纪，查尔斯·狄更斯写道："英国被束缚在繁文缛节中。"

其实何止19世纪的英国，在当今世界各地的法律中，繁文缛节依然大行其道。当我们试图通过税收、法律和金融等方式来加强社会秩序时，繁文缛节作为遗留物当然会存在。即便在现在的生活中，它们依然像一条围巾一般紧紧地包裹着我们。它们虽然无形，但消耗着我们的时间、精力和注意力。所以，简单的生活难得一见，复杂的状态却到处都是。

美国军队对此再清楚不过。"KISS"最初是在20世纪30年代，由著名的洛克希德公司下属斯康科工作组中一位美国航空航天工程师创造的一种设计原则。克拉伦斯 · 凯利 · 约翰逊在第二次世界大战期间监督生产飞机，这些飞机的设计对飞行员和国家来说都至关重要。因为他知道，飞机的设计和制造必须要遵循简单的原则，否则飞行员就会有生命危险。所以，保持简单且专注的原则是一条保命的捷径。

## “杂交式综合征”VS“保持简单”

飞行员遭遇的困境让我回忆起我曾在客户身上观察到的一种症状：尽管他们的处境并没有那么令人绝望，但他们依然有一堆的麻烦，他们经常被相互竞争的问题所困扰且注意力紧张。我把这种状态称为“杂交式综合征”（CAT：“Complexity，Anxiety and too little Time”的缩写），它的含义为“复杂、焦虑和太少的时间”。

当你处在一团混乱中，肯定没办法厘清思路，事情却推着你必须向前走，重压之下，最终事情只会变得更糟糕，临近最后期限，灾难性的结局更是不可避免。这样的教训还少吗？所以请不要忽略了简单性原则。

那日常生活呢？简单在哪里？当你在电脑前打开无数个窗口；当你翻箱倒柜想要找到一个能匹配手机的充电器；当你反复确认需要的文件格式是否兼容操作系统；当你纳闷明明只上了十几分钟网怎么就变成了一个小时。当这一切发生时，生活显得那么不简单，如果你隔几分钟就要翻一下社交媒体或者一定要跟上时代的步伐，争做办公室那个掌握最新技术的人，那就应该知道，这些事情都是特别消耗时间的。如果这样的事情发生在街道上，情况会更加复杂。有一次，纽约时代广场突发状况造成好几个小时的停电，数千人的出行因此受到影响，几百人被困在地铁或电梯里，来往的车辆也不得不随时躲避交通灯。当时每个人依靠着手机仅有的电量和外界联络，却没有人真正想知道究竟发生了什么。要知道这可是在曼哈顿，联合国的总部啊！在华尔街，百老汇，弗兰克·西纳特拉演唱了一首关于这座城市的歌曲——《如果我能在那里做到，我就能在任何地方做到》。一个月后，当英国国家电网遭遇电力激增的故障时，我和数百万英国人一样经历了几个小时无电可用的窘境。现代生活没有表现出应有的行为，总是制造出事件本身之外的焦虑和不安，这就是长鸣的警钟，提醒着人们：我们太容易依赖，我们没有任何备用计划，这些思想根本不存在于这个世界。这让我们感到无能为力，其实这样的感觉并不好。

在这些系统故障之后，没有一个人应该为此负责，只有一堆复杂的计算机系统。它们是超级连接，但它们不是人类，没有脸，没有声音。对它们来说，指挥链是如此之广和如此之深，以至于很难确定是谁在控制，更不用说谁应该受到责罚。一旦其中一条链路断开，我们就被打回原形，回到原始的过去，而那时我们还没有把今天的电力、公共交通、空调、信号灯或电视视为理所当然的物品。

在我们的公共生活中，也没有多少简单性。今天的政客们无法向人们保证他们自己在制定政策和制度时不会陷入困境。在2016年英国举行脱欧公投之前，英国《金融时报》表示，所有与英国和欧盟关系有关的事情都“错综复杂”。在投票中，人们违背了政治期望，投票脱离欧盟。于是获胜的竞选将所有的复杂性浓缩为一个简单的、获胜的信息——“夺回控制权”。该运动由鲍里斯·约翰逊领导，他后来在2019年大选中以“完成脱欧”的口号赢得了大量选票成为英国首相。

人们想像奥卡姆剃刀那样解决复杂问题，奖励那些认识到这一点的政客，批评者称这为简单的民粹主义，但实际上它是现实主义。

这本书假设了颠覆复杂事情的方式，这本书也提醒着机器时代的人类仍坐在驾驶座位上。我们创造和遵循的系统是我们自己的，我们的行为完全可以在微小的、有目的的、日常的方式中改变。

## 宇宙中最复杂的系统

当然，生活是复杂的，我觉得你不是那种需要美化和简单化的读者。人类就是如此的世故和复杂，人类身体中大脑是最为复杂的一部分。我们的大脑中有860亿个神经元一直在活动着，它们被精准地称为“已知宇宙中最复杂的研究对象”。人体内有近40万亿个细胞，每一秒都在身体里保持着生命的状态。我们已经进化了数百万年，克服了自然和疾病（从冰河时代到瘟疫）、战争和资源匮乏的挑战，从而建立了社会、城市，发明了计算机、机器人和纳米技术。

我们创造复杂性的能力与我们在情感上和身体上的简单需求完全不一致：一旦我们有了爱、住所、食物和工作，我们就不需要太多其他东西了。然而，我们为了得到这些，在努力的过程中生活变得越来越复杂。讽刺的是我们与复杂性斗争的原因之一，居然是我们的大脑无法处理过多的信息或者说这种处理过度刺激的能力实际上非常有限。我们的大脑是自然工程学的惊人壮举，但大脑中控制推理和行为的那部分细胞通常显示出的极限是四到七个项目。如果我们还像20万年前那样，在一个又小又封闭的部落里狩猎和采集，一辈子只做七件或更少的事情如组建家庭、战斗、做饭、狩猎、生存那就好了。但在当今社会，我们一天就要做出35000个决定。截至2021年，互联网创造了3.3个泽字节（zettabytes）[①]（一个泽字节等于10亿万亿字节），我没办法用一个简单的“字节”单位来表示这个数据，但我想你会同意它真的是很多。

## 复杂性界限

这一点很重要，因为神经科学告诉我们，一旦事情变得过

---

① 泽字节（zettabytes）：是一种资讯计量单位，现今通常在标示网络硬盘总容量，或具有大容量的储存媒介之储存容量时使用。——译者注

于复杂，我们的大脑就会有意识地短路和切断通路。人们压力症状的增加以及远离电子设备的需求的增加都是过于重视复杂却又渴望简单的征兆。当我们负荷过重时，我们就会犯错。当我们承受压力，陷入沮丧、抑郁、生气、失望的情绪时，就是我们在挣扎的时候。尽管我们手中主要做着一件事，却经常处于多任务同时进行的状态。没错，当你伴随着噪音、眼前的景象、无休止的转换，在不同的事件之间来回穿梭时，你此时正在挑战大脑的基本化学反应，它正向你发出红色警报！而当你这么做的时候，并不觉得这是错的，也不觉得自己还有其他选择。

我们当然还是有选择的。这种选择始于我们是想让事情变得更复杂，还是寻求更简单的方法。我当然希望你们会选择后者，让我来解释一下在这本书中你能读到什么，以及如何通过这本书帮助自己和他人处理复杂的问题，以实现更好的自我：简单。

在第一部分，我将说明如何从复杂转向简单，并解释简单性原则本身和六边形的作用。这两者是相辅相成的，就像理论和实践一样。第一章保持你的平衡：简单的范围，用故意唱反调的方法开始，探讨了人类有多复杂，也提出一个问题：复杂会导致哪些问题并展示如何在两者之间找到平衡而不是让它们对立。第二章介绍六边形的作用。这部分可以作为你的工具包来使用（许多螺母和螺栓都是六边形的），因为六边形具有超强的弹性、效率和灵活性。第三章则兑现了本书前面的承诺，给出了六种方法找回并提升你的注意力和效率。

在第二部分中，我将详细介绍简单性原则的六个面。这是在践行六边形行动：每一面都以一个方法和技巧从我们需要关注的地方开始。如果你喜欢，也可以直接跳到那里，看看哪些内容能让你产生共鸣并激起你的兴趣。我在这里简单阐述一下，以便让有需要的人直接阅读。我在这部分会提示六个要素，第一要素是“清晰”“个性”和“重置”，包括如何区分优先级和目的，如何养成习惯，如何克服干扰，如何把创造力和幸福连接起来，以及如何在发挥最佳状态时学会脱离关系的价值。第二和第三要素是“知识”“网络”和“时间”。这些想法是基于我上一本书《完全连接：超载时代的社会健康》中设计的内容，旨在提出建立社会健康互联网时代生存和发展的一种方式。“简单”六个面的每一面，都是以简单清晰的阐述开始，总结将要发生的事情。在每个部分的结尾都有一份建议及行动指南，称为“六张巩固清单”，它们都浓缩了简单性原则的八个字：保持简单，遵循自然。

在第三部分，你会认识一些著名的六边形思想家，他们会展现出简单性原则的精神和教你如何践行六边形法则，相信这些会激励到你。哦，对了，你也将化身成“蜜蜂”。蜜蜂如何采蜜？如何授粉？那你就将如何简单地完成计划及与他人的合作。对，就像蜜蜂一样。我应该对任何奉行纯粹主义的读者说，有时我说“蜜蜂”，指的具体物种就是谦卑的蜜蜂。第三部分，我给出了一些关于六边形法则的习题，让大家巩固并学习来结束这本书。

## 成功是什么样子?

我希望你们能喜欢这些故事和插图，它们展示了如何在日常生活中运用自然、几何和图案以及一些可以帮助你训练自己行为的蜜蜂战术。我所说的社会健康是指如今数码时代相互之间的连接行为，取决于我们如何管理在线上和线下、在自然中和自然之外、以有组织或无组织的方式所做的事情。大脑的神经科学研究清楚地表明了如何重新构建我们的思维和行为。我们可以通过神经可塑性还原我们的模式、改变我们的路径（也就是大脑不断变化的方式），我们可以重新学习行为和思考的模式，并用新技术将其取而代之。当你将任务分解开来，当你使任务变得简单明了，你就不会让你疲倦的大脑陷入困境。相反，你也可以退后一步，简化并决定什么才是你真正需要做的决定和行动。换言之，愚公移山——事情就是这么简单。

# 目 录

# 第一部分

## “KISS”：保持简单，亲爱的！

*第一章*

# 保持你的平衡：简单的范围

我不会增添一些无用的东西使简单变得复杂，
相反我会使我的生活由复杂变简单。
——小奥利弗·温德尔·霍姆斯

## 大海捞针

你是否曾经丢过什么东西，即便你知道它就在某个地方，但就是找不到。我的一个朋友，有一次把护照掉到了壁炉后面。为了拿到它，他不得不拧开壁炉的螺丝。但这更像是把护照给弄丢了——他知道护照就在壁炉后面，但不知道具体位置，然后不得不去找回来。当你因为没有一个查找系统而无法找到某个东西时，怎么办呢？这就要说到归档。

“归档”起源于中世纪，意思是“用线或丝把文件串起来，让它们保持有序的状态”，它的概念很简单，就是为了管理繁杂的文件。在过去的岁月里，互联网发展迅速，世界各地连接的设备比人还多，网络上的数据量每天都在飞速地产生，我们很难去追踪它们。我们越是求助于技术和机器来帮助我们管理所有的数据，就越来越少地依赖于人类的技能来将我们学到的、分享的和使用的东西保持在可控的范围内。

这其实有点遗憾，也是错误的。的确，人类身上有一种内在的复杂性偏见，能让事情很自然地走向更复杂的阶段。设计师、工程学者唐·诺曼在他的书中写道："我们追求丰富、满足的生活，而丰富与复杂相伴。我们最喜欢的歌曲、故事、游戏和书籍是丰富的、令人满足的、复杂的。即使我们渴望简单，我们也需要复杂……有些复杂是我们所渴望的。事情太简单的时候，也会被认为是无趣的、平淡的。"

经济学家蒂姆·哈福德在他的著作《凌乱》中指出："对于一间漂亮的办公室来说，有些凌乱的办公桌令人生厌。但对于一个高级经理来说，记住一点——克制住你整理的冲动，不要管那些乱七八糟的东西，也不要管你的工作人员。"

但我们也渴望简单，这一点从奥卡姆剃刀到"简单法则"（KISS）就可以看出来，从人们对规则的痴迷度也可以看出这一点。比如，很多人都有喝茶或喝咖啡的习惯；吸引着全世界人民的团体运动都有其规则；还有很多宗教仪式。对许多人来说，秩序和简单性就是高度平静和重新肯定。

简单性原则就是要在两种极端状态之间取得一个恰到好处的平衡，并在其中找到稳定点。

## 平衡木

试着想象一下，你是一名体操运动员，站在一根10到11厘米宽的平衡木上，你必须要在上面起跳、腾空、旋转，要站立70至90秒不能晃动，也不能掉下来。你会说，这再简单不过了。但你去尝试过吗？你知道吗，在体操训练中，平衡能力是非常重要的，而维持身体重心是其重要原则。对于老年人来说，稳定可以防止他们跌倒，从而保证安全。我母亲87岁时在公寓里摔了一跤，大腿骨摔骨折了，她用了六个月时间康复——在没有帮助的情况下练习重新行走，这其中最重要的其实就是在训练平衡。

我母亲不得不反复练习以增强她的力量、敏捷性和平衡能力。这些练习不是随意性的，而是基于深厚的知识、加强体系和康复模式。她把照片挂在墙上提醒自己，尽管伤势严重，但她还是恢复了平衡能力。我们可以看出这些康复训练需要花费时间、耐心和专注于简单、可重复的步骤。

## 贩卖简单

很多事情会很困难，但我从来不认为它们不可能完成。我是一个善于处理悲观情绪的乐观主义者！我知道简单法则是有效的，看看周围的人你就知道了，简单本身就非常有价值。苹果公司的创始人史蒂夫·乔布斯说得对，让事情变得简单很难，但他也因遵循简单法则而发了财，他知道这样做的好处。苹果公司将简洁性作为他们时尚、酷、功能设计的核心，它的产品使用起来很简单、外观简约不花哨、备份和存储也非常简便。看看世界上最富有的公司名单，从亚马逊到阿里巴巴，从强生到腾讯，它们都有一个共同点：从后台技术、企业结构到产品范围，它们的工作都极其复杂，但在前端，消费者为了浏览、购买、选择和保持忠诚所看到和体验到的一切都是非常简单的，因为这样才能奏效。所以，复杂性确实存在，但是前沿和中心的工作一定是——简单。

“简单”的影响范围非常广泛，可以从各种产品到流行歌曲，甚至涉及政治——“夺回控制权”的口号实现了英国的脱欧公投。“让美国再次伟大”是特朗普总统赢得美国大选的口号。以上这两个口号都是特别简单明了的，许多人恼怒地嘲笑和讨厌这种简单，但它确实奏效了，这种方式可以称为“击穿式”。在印度，乳制品品牌阿穆尔的口号是“印度的味道”，而中国移动的口号是“沟通从心开始”。艾德·希兰的《你的形状》是Spotify（流媒体音乐平台）播放次数最多的歌曲之一，而最勾人的副歌部分，一句“我爱上了你的形状”，简洁明了，琅琅上口，捕获了无数人的心，成功的音乐作品就是这样——简单，令人难忘。

## 生活的两面性

众所周知，大自然中的各种简单与复杂之间存在着一定关系。这其中很多方面是非常复杂的，就像我们的身体和大脑一样。混沌理论告诉我们，蝴蝶拍动翅膀会对飓风产生微小的影响，这是自然界随机而混乱的一面。尽管自然界中有许多图形被称为“分形”，比如树木，但大自然同时也为宇宙的混乱和复杂性提供了一种趋向于简单的平衡。在这种平衡性中，存在着很多遵循规则的图形，在这些图形之间，有一个可以映射、理解和应用的次序。和所有的几何图形一样，六边形法则就是一种可以帮助我们更高效、有组织性且能复制的归档系统。

例如蜂房，它是蜂巢中最重要的地方，用来储藏蜜蜂幼虫、花粉和蜂蜜。筑成蜂房的每一间蜂室，就是由蜂蜡制成的六边形物体。蜂房是自然界中最著名的形状之一，科学家曾经做过一项实验，他们为了欺骗蜜蜂而做出各种不同形状的蜂室来吸引它们，结果却被蜜蜂们完全无视。查尔斯·达尔文因此第一个提出了六角形与空间利用率的关系，这在很大程度上是正确的，但也有其他的原因。莫里斯·梅特林克在他1901年出版的《蜜蜂的生活》一书中总结道：“六边形不仅仅是机械必需品的结果，它在蜜蜂的精心安排、经验、智慧和意志中都有其真正的地位。”

其后，我将会逐一讲解六边形，因为这是我们将简单性原则付诸实践的途径。

## 复杂的负担

从大自然的各种图形中所学到的东西，可以帮助我们走出当下复杂、混乱又超负荷的状态。我们可以创造一些变通的方法，让简单的原则比复杂的负担更容易实现，而不是被太多混乱所摆布。最大且最明显的负担就是生产力和我们的心理健康。随着科技的发展，你会认为我们的生活尤其是我们的工作生活会更轻松，但事实并非如此，我们的生活实际上越来越复杂。在全球范围内，生产力水平（用来衡量工人对经济的贡献）停滞不前。2000年欧盟委员会的数据显示，成员国一年中有60%的工作日因劳动者的压力造成损失。2019年英国健康和安全执行局的报告称，每年有超过1500万人次因压力而在工作中出现纰漏。在世界各地，缓解员工压力对企业来说是一项巨大的开支，仅美国每年就要花费3000亿美元。据世界卫生组织报道，全世界每40秒就有一人死于自杀。现在人们认识到，自杀不仅仅是个人问题，也是一个社会问题。

因此，毫不夸张地说，压力就像石油泄漏一样会蔓延到整个人类社会。现代生活对我们自身来说已经太艰难、太复杂了。这其中一个原因就是，我们不断被告知，科技正将我们的生活变得更轻松、更顺畅、更快捷，但经验往往是相反的。是的，社会正在以许多令人欢迎的方式进步，但就我们个人而言，现实的压力让我们的生活一点也不轻松，不顺利。

## 简单明了

在所有关于“简单”的不同定义中，我最喜欢的一个是：

“形式设计上简单、朴素的品质或状态。”以心理健康和焦虑作为写作主题的作家马特·黑格说：“多年来，在渴望之后，经历了复杂性，并相信它是未来的……现在，每个人都在朝着相反的方向走。”不能迅速、干净利落、有目的地完成某件事，发展为拖延、失望、与解决方案脱节的这种负担，会给人们自身的心灵带来压力和痛苦，没有人在面对棘手的事务时愿意萌生无能为力的感觉。所以我们面临的挑战是，能够及时辨别出现在生活中的复杂性，在事情不利于我们的情况下，怎样找到一种避免和应对的方法。

## 复杂性与复杂感

不要误会我的意思。复杂性是不可避免的，在某种程度上也是绝对有必要的。像医学、量子物理学、机器人学这些学科当然不可能简单到哪里去。很多时候，复杂的系统确实起着作用，而且它们也给我们带来了实实在在的好处。学者马里奥·邦吉在1962年《哲学杂志》发表的一篇哲学论文很好地阐述了将复杂世界简化时所面临的巨大挑战。

他指出：如果简单理论要发挥作用，就必须避免复杂。“简化”规则不应该引导我们通过构建理想化的简单语言来绕过复杂性，简单的理论本身不应该是简单的。

这意味着，当我们试图将复杂变为简单时，必须避免过于简单化。

值得重申的是，“复杂性”和“复杂感”是不同的。当一件事具有“复杂感”时，意思是难懂的、难解的，但它可以被拆开来分析。比如机器就是一个很好的例子，你可以将一些难懂的东西，解构为更简单的部分。有一些“复杂性”的东西，例如气象系统，因为其中包含很多可变因素，所以是一个非常复杂的问题。当你无法看清现状也无法准确做出预测时，就陷入了一种比复杂还复杂的状况——混乱。很多人说，这基本上就是生活，习惯就好了。是的，但是不要沉溺于不理智之中好吗？大脑是一个非常复杂的系统，它可以不断地学习、忘记和重塑思维模式，所以你是可以在优先使用思维还是行为之间做出调整的。

## 后视镜，信号，操纵

和开车一样，一旦你学会了如何驾驶一辆汽车，你就不会忘记这项本领。但你一开始并不知道这些，你的大脑必须适应同时完成一系列复杂的任务，在高速向前行驶的同时，眼观六路耳听八方，躲开其他车辆。这不是一个简单的要求，全世界每年有100多万人死于交通事故，5000万人受伤。这是因为我们并不能随时处理好一些复杂的问题。安全的切入点是一套基于简单性而创建的规则。在英国，每个刚学开车的人都会先学习“后视镜、信号、操纵”这句口头禅。事实上，这条简单的信息要求人们接受和应对道路的复杂性并保持敏锐的注意力。

但是手机还是给交通运输带来了复杂的问题，世界卫生组织早在2011年就开始警告大众，手机有导致“司机分心”的危险。甚至最近的报告表明，世界上25%的事故是司机看手机导致的。为什么会这样？很简单，驾驶需要注意力高度集中，而不能被其他事情分散。就像我们欺骗自己说开车发信息、摆弄导航是安全的一样，我们在日常生活中也会做同样的事情：我们会去尝试做太多事情，而不是将简单、直接的重点放在首位。

说到这里，大家就很明白了，我追求的是管理好复杂性，减少复杂性或使其最小化，这是简单性原则的基础。当然，这一切的前提是我们要先具备这样的意识。

## 复杂性测试

有一句谚语说：“如果它长得像一只鸭子，游泳像鸭子，嘎嘎叫像一只鸭子，那么它就是一只鸭子。”我喜欢这个“鸭子测试”。当谈到复杂和简单时，这通常是显而易见的。把它应用到你现在复杂的生活中去，是不是因为要做的事情太多而一团糟？你的生活是简单而有条理的吗？还是你需要通过层层不同的人来完成任务？你每天是否需要在好几个“设备”和好几个平台之间切换来完成工作？这听起来很像鸭子：嘎嘎嘎嘎……如果说中了，恭喜你，你刚刚通过了复杂度测试。接下来我们进一步看看“鸭子测试”，回答以下三个问题，看看在有压力的情况下，复杂性是如何占据主导地位的。

勾选出最符合你的情况的答案。

**测试开始：**

1. 你如何看待自己的日常生活？

A. 我的日常生活与技术、人员、系统有关，安排得有条不紊而且清晰明确，现代生活能走到这一步，我感到幸运和感激。

B. 一整天我觉得很有效率，一切尽在掌握之中，但通常会遇到一个麻烦：一个应用程序锁死了，或者在邮件或群聊中出现了某种沟通错误，这些都需要时间来解决。

C. 每天我都必须面对“生活中的塞车”，包括延误和困难。也许是人为的，也许是机器设备导致，我觉得我无法掌控自己的生活。

D. 我觉得自己就像个齿轮。从购物到联系他人，我都在被迫使用科技产品，这让我感到沮丧。我感到依赖他人，而不是以任何方式成为自己生活的代理人。

2. 你如何看待这个世界的运行方式？

A. 总的来说，还不错。一切都是按时进行的，只要技术没有落后，生活就很好。是的，这个世界很复杂，但这就是我们为周围一切都好而付出的代价。

B. 我开始有怀疑了。我知道我们已经走了多远，但我看到我们周围的大难题并没有变得轻松。我认为世界正处于混乱的边缘，这比想象的还要严重。

C. 我的问题都与别人的犯错误或把事情做错有关。任何技术设备都无法避免人为失误和管理不善。我过快乐的日子和糟糕的日子都无所谓，听天由命吧，我之前这样想，现在还是这样想。

D. 事情变得更复杂了，而不是更清爽了。没有什么事情是简单的，世界上的问题根本没有得到解决。我对这个世界的运转方式感到焦虑和悲观，像我这样的人总是觉得自己无能为力。

3. 你有一个想要在工作中付诸行动的想法吗？

A. 你觉得实现这个想法很简单，你可以快速而轻松地做出决定，（在合理范围内）不需要通过任何层级就能实现它。你做决定之前，需要先咨询或讨论的人少于三个。

B. 你觉得实现这个想法很费时间，而且没有什么事情可以快速或轻松地完成。不过，你认识一些人，你可以去见他们，然后用你的魅力说服他们为你铺平道路。

C. 你有严谨的风格和办事流程，比如你习惯把你不知道的一些东西写在纸上，然后在开会的时候提出来。作为一名“二把手”的经理，你会被层层的所谓“领导”的糖衣炮弹所困扰。

D. 你的工作场所不接受你的任何想法，你也没有权力提出解决方案，你只能执行别人的指令。你的个性和创造力都不重要，大声喊出来也没用。

**在你的答案里——**

如果A最多：你不仅仅只是一个乐观主义者，生活中也充满了你可以轻松解决的事情。所以现在你需要努力找出这些让你生活简单的技巧的精髓，这些技巧可以帮助你，也可以帮助别人。

如果B最多：你有点介于乐观主义者和悲观主义者之间。你知道，事情会很复杂，但你也会觉得它们在很多时候是有用的。你面临的挑战是找出薄弱环节，并努力修复它们。

如果C最多：大部分情况下，要么你的性格是有点悲观的，要么你周围的所有事情都不太顺利。官僚政治似乎是你生活中的一个重要组成部分，因为如果不通过别人，你无法轻松自在地做事情。

如果D最多：你认为世界充满了复杂性，这是因为在你的世界里就是如此。不幸的是，这绝对不是你独自经历的事情，但这确实意味着视角和环境的改变是必要的，你可以做出改变，没有什么是没有希望的！

让我们更仔细地看看这个和数字6有关的简单形状，看看六边形规则，是时候拿出工具箱了，这会让你的生活变得更简单。

## 第二章

# 六个面：六边形规则介绍

六边形是自然出现的，是第一个被建筑界采用的几何图形。整个大自然充满了各种数字6。

——格雷厄姆·麦凯

### 完美的数字

数学家欧几里得出生于2400年前的古希腊，如今许多我们认为是现代的、根植于我们文化体系中的东西，都是在这个“文明的摇篮”中创造和发展起来的，其中包括：民主、哲学、剧本写作和数学。

欧几里得是简单原理的关键人物，因为他被称为“几何学之父”，也是他发现了6是“完美”数字。欧几里得在《几何原本》这本书中，列出了五条关于形状的普遍真理和假设。它们是：

1. 从一点到另一点可以画出一条线。

2. 一条有限的直线可以无限地延伸。

3. 给定一个圆心和半径，就可以画一个圆。

4. 所有直角都是90度。

5. 如果一条直线与另外两条直线相交，且相交直线一侧的内角和小于两个直角的和，则这两条直线在这一侧相交而不在另一侧相交（这也被称为平行公设或平行公理）。

我将厚着脸皮地在欧几里得的列表中添加第六个公理，以纪念他的完美的数字6：几何带来简单。因为当你使用线条、创建边界和形状、处理棱角和角度时，你赋予了图形秩序和理解。欧几里得的《几何原本》和他对6的感觉，给我带来了完美而简单的感受。

## 行大于言

六边形行动是一个概念，而不是一个死板的规则，它使用几何形状和侧面来帮助我们保持专注。为什么可以这样呢？因为你可以更清楚地计算和看到问题的各个面。另外，六边形代表着连接：一个六边形远不如一堆六边形强大。六边形思维的理念已经在设计和教育中得到了特别的应用。但是，我想把重点放在日常生活中的实际应用上，在日常生活中把原则付诸实践。我喜欢“行大于言”这句话，它可以追溯到17世纪，在我最喜欢的电影《窈窕淑女》中，奥黛丽·赫本唱到了她对于她生活中的男人不遵守这条规则的沮丧。“废话，废话，废话，我烦透了废话！”她唱道，“做给我看！现在就做给我看！”

六边形规则是形状、是几何学和大自然的灵感，但它也是一种行动的号召。

## 六的力量

我之所以选择六边形来代表简单，部分原因是它有六条边，这并非偶然。你读过的一些书会经常告诉你“答案”就在某个数字中。碰巧的是，6确实有点特殊。有几点原因，在任何给定的时间里，（记住，在任何特定的时间里，我们脑子里能想出来的都不超过七件事），在这个记忆极限的范围内，6是欧几里得定义为“完美”的一系列数字中第一个，也是最小的一个。下一个数字是28，它被用作组织数字，因为它大致是一个月，但在这之后的数字就一下跳跃到了496（我希望你同意，这是一个相当大的组织架构的基础）。

《小熊维尼》的作者米尔恩写了一首名为《现在我们六岁了》的诗，用文字表达了人类只有在六岁时才会有的那种可爱，同时又变得一点点独立的感觉。他把这种感觉称为“像聪明一样聪明”。你瞧，数字6多有智慧！我们每天24小时，一年12个月，每周六个工作日，这些数字都是六的倍数。6有一个实用的对称性，因为它可以分成两等份也可以分成三等份。就像六边形本身一样，它具有令人难以置信的功能性、灵活性和强度。

6是一个神秘而诱人的数字，事实证明，很多人不知道为什么被这个数字迷住。伟大的英国物理学家和天文学家马丁·里斯在他的《塑造宇宙的深层力》这本书中，只列出了六个数字，从测量原子凝聚电力到我们世界的空间维度，他说这些“特别重要……宇宙历史上的意外事件”。这部未来派电视剧《囚徒》讲述的是一个名叫“6号”的男子，他曾大喊着“我不是数字！我是一个自由的人”来显示自己的个性。其实没那么神秘，事实上，6作为一个数字存在于自然、科学和文化等广阔领域，你不需要看得很远就能看到它。

这里有六个例子：

1. 所有的昆虫都有六条腿，在生物学中有六个等级的“王国”。

2. 大脑是我们成为人类的精髓，它有专门用来经历和学习的区域：脑叶、运动皮层、躯体感觉皮层、脑干、边缘系统、大脑和小脑。

3. 在宗教和全球文化中，6也是一个具有高度价值和象征意义的数字。犹太教家宴的盘子被分成六个不同的部分，以容纳六种仪式食物：无酵饼、香骨、鸡蛋、苦味草药、面团和蔬菜。虽然基督教庆祝七天的创造，但人类是在第六天被创造出来的。在中国，6被认为是幸运的，因为它象征着流动和富裕。

4. 运动喜欢6。网球一盘有六场，排球每队有六名队员，女子篮球比赛中的篮球是“6号”。还有我非常努力但依然不太了解的板球一次也有六个球。在印度，板球很受尊崇，6这个数字很特别。8月15日是印度的独立日，数学家认为1+5=6是6及其派生数字3对印度人来说是幸运的原因。

5. 你猜盲文单元格中的点数是多少，没错，是六个。在飞行甲板上，基本的仪器配置经常被称为“六包”，就像啤酒一样。在人类学中，传统上我们把死去的人埋在六英尺深的地下。

6. 最后，请记住，“第六感”与超感官知觉有关，相信我们的直觉是简单性原则的一个关键方面。常识和第六感——这是一个相当不错的组合！

## 捕获六边形

首先让我告诉你是什么吸引我来到这个六边形世界的。当我在写上一本书《完全连接》时，我第一次产生了要创建一个基于数字6的个人和商业管理系统的想法，并通过一个形状来说明这个数字。这种感觉日趋强烈，特别是当书出版后我在世界各地谈论这个数字的时候。

那本书的中心思想是社会健康。它围绕着运用类似的原则来照顾人际关系的状态——人类使用科技——就像我们对自己的身心健康所做的一样。虽然我们监控自己的饮食、锻炼方式、睡觉时间，但当我们在网上沉溺了好几个小时，被无穷无尽的信息“淹没”的时候，我们却放松了警惕。

这个想法中最主要的简单性引起了观众的共鸣，但我仍然需要把它解释得非常清楚，并解释如何将它付诸实践。我对图案和形状一直很感兴趣，因为我喜欢设计和建筑，而且非常清楚我们与简单的结构和图像有着多么紧密的联系，比如苹果公司。此外，我喜欢运营构建模块，因为能够准确地分析事情是如何发生的，这也是我喜欢管理微企业的原因：你必须作为所有者和管理者亲自参与系统的各个层面。因此，我四处寻找感觉正确的形状和数字，尤其是因为当你在演讲和演示时，你要学会尽一切努力把每件事都打磨得精益求精，“少即是多”这句老话听起来是正确的。

我立刻想到了圆形，因为这是我们最常联想到网络和连接的形状，而这两者都是我工作的核心。奥运五环是人类历史上最令人难忘的图形设计之一，它是一个环环相扣的系统，体现了和谐、力量、合作和耐力。这非常精彩，但感觉不对。循环是无限的，循环没有尽头，我一直觉得我们需要一些东西来控制我们所做的事情和具体怎样去做，而不是无限制地扩展它。另外，我所接触的网络科学不是关于无限的圆圈，而是边缘、边界和事物相交的地方。所有的东西都是连接的、扩展的，不会受制于圆形，而是受制于几何图形的边缘。所以我一直在寻找我理想的图形。由于我对生产力和管理有兴趣，所以我不断追问，是什么让人们在工作时变得高效且投入，或者恰恰相反？是什么促成了他们的“心流”，又是什么阻碍了“心流”？我开始研究大自然，我惊讶地发现昆虫，尤其是蚂蚁（主要指白蚁）和蜜蜂都表现出了令人难以置信的复杂的组织、结构、合作以及让事情发生的方式。在这里，我强烈推荐丽莎·玛格内莉所著的关于研究白蚁的书

《失败者》：

白蚁花了一年的时间建造了一个平均300厘米高的土堆，与它们的体积相比，它们相当于建造了帝国大厦。那些建造将近510厘米土堆的白蚁，相当于在没有建筑师和工程师的情况下，建造了迪拜的哈利法塔（829.6656米，163层的摩天大楼）。

## 给我来点蜂蜜

他能看见蜂蜜，他能闻到蜂蜜，但他还是够不到蜂蜜。

——米尔恩《小熊维尼》

我对建筑本身很感兴趣，但对白蚁这种生物本身并不太关注，然后我发现了蜜蜂。也许是蜂蜜吸引了小熊维尼，因为蜜蜂是最重要的传粉者，2019年，地球观察研究所将所有种类的蜜蜂列为地球上最重要的物种。事实上，蜜蜂越来越吸引我们，我在照片分享平台、博客和播客上关注了大量的养蜂者，手机也存了大量的关于蜜蜂的书籍、知识和设计图。在我们的想象中，蜜蜂比结构工程天才白蚁更受欢迎，它们松软且富有绒毛，颜色也更鲜艳。所以蜜蜂就这样走向了我。我和小说家拉莱恩·波尔成为朋友，她写了一个关于蜜蜂的伟大故事《蜜蜂》。在她的笔下，蜜蜂社会并不完美，它包含了蜜蜂为了生活的所有阴谋、戏剧、爱情、暴力以及蜜蜂日常生活的细节，就像一部人类肥皂剧。

在现实生活中，甚至在像《蜜蜂》这样的小说中，蜂房是蜜蜂生存的中心。这是它们生活和工作的地方，用来储存幼虫、花粉和蜂蜜。蜂房最初是用圆形的蜂蜡做成的。但后来，科学家直到最近才弄清楚原因——它硬化后就会变成一个完全不同的形状：六边形。那一刻，我直觉地意识到，这就是我一直在寻找的东西。六边形对蜜蜂来说非常重要，而蜜蜂对我们来说也很重要。它有着丰富角度和侧面，除此之外，它还具有平铺和镶嵌的能力，因此可以连接、相交、形成图案，它还具有一种不寻常的对称性，例如，可以分成两等半，或者也可以把一个六边形分成三等分的三角形。这些六边形的角度和这些边线加起来，是如此坚固、实用且自然。现在，我知道这就是我想要的形状和数字，我开始从蜂巢的其他地方寻找灵感，开始寻找六边形。六边形就像数字6一样，存在于一大堆能激发我们灵感的自然环境中，在这里列举六条：

1. 土星是距离太阳从近到远的第六颗行星。它外面的一圈奇怪的云形结构，由碳原子组成，被称为“土星六边形”。碳是最重要、最丰富的元素之一，虽然它本身的形状不是六边形，但它形成的许多元素都是六边形。

2. 以石墨烯为例，它特别轻，而且柔韧性很好，强度约为钢的200倍，目前正被用于革新的现代制造业。它由石墨衍生而来，石墨的六角形晶格是碳基的。（顺便说一句，石墨烯是曼彻斯特大学的科学家发现的，这座城市的标志是一只工蜂。）

3. 在蜂巢中，蜂房的设计是为了最大的空间使用率和空气的流动性——这就是为什么它们会硬化成六边形而不是软软的圆形。

4. 说一说雪花，没有两片雪花是相同的。和我们人类一样，雪花都是个体，它们由六边形的晶体构成。

5. 纵览大自然，从蜻蜓的眼睛到巨大的玄武岩柱，如北爱尔兰的巨人堤道，我们都能发现六边形，它塑造着我们的景观、我们的自然世界，也塑造着我们。

6. 就像数字6，一旦你开始关注，六边形便无处不在。比如螺母和螺栓，实际上是生活中的小零件，为了拧在一起能有更好的紧固作用，它们通常被做成六边形。所有的足球都是由20个六边形和12个五角形组成的完美空气动力学球体。而且现在就连性用品都变成了六边形，这要感谢一家叫作莱洛的瑞典公司，他们推出了一款名为“六角头”的安全套系列，采用了一种轻量的抗撕裂六边形结构……我想你已经明白了！

高效空间、超稳固、平铺性、简洁性、对称性的特性，使六边形成为完美的组织框架，就像它拥有的边线数一样：完美的六边。

## “简单”的典型物种

正如我已经说过的，六边形是“简单”的典型图形，而蜜蜂就是“简单”的典型物种。

乍一看，我们和它们并没有太多的共同点，从神经学角度来说，它们的神经系统比黑猩猩甚至海豚要简单得多。蜜蜂很小，就算是其中体型较大的品种都没有超过3.8厘米长的，并且全身都是条纹状的皮毛。哦，对！它还有两个胃，所以这不是常见的物理特征。但是请等等，我要说的是，蜜蜂是一种“社会性昆虫”，这意味着它和我们一样拥有复杂的通信系统。研究表明，蜜蜂“群体智慧”的模式和我们大脑中的神经元活动有相似之处，尤其是在寻求奖励的时候，例如它们出去寻找花粉的来源。研究还表明，在蜂巢中，蜜蜂们组织它们的小社会的过程有点耐人寻味——像是基于蜜蜂的力量、能力和角色进行民主决策。蜜蜂以非常固定的个人角色来完成任务，但也在一个有高度组织的社会系统中与其他蜜蜂一起表演。就这样，它们就像我们一样，在生物学中被称为超有机体。它们和我们一样，处于一个进化的文明，所以不是在一个固定的状态下生存（就像一个迷失的部落），而是通过不断适应环境而繁衍。每一个蜜蜂群，可以大到如同一个跨国公司，也可以浓缩成一个小社区，但都必须以协调和相互联系的方式履行各种职能。

这种六条腿的昆虫，它们的工作和生活都是在蜂巢。蜂巢由那些六边形且能保温、存储、无所不能的蜂室构成。现在我们都生活在有智能手机和互联网的环境中，我们的生活和工作也在同一个地方，就像蜜蜂一样。

以上就是《六维法则》的理论部分了，那么，我们应该怎样实践呢?

*第三章*

# 从理论到实践：在“六”中思考

六边形行动将简单性原则付诸实践。记住，简单性原则本身只有一句话：保持简单，遵循自然。把六边形的行动想象成一个六边形框架，以此来组织和优先安排你要做的事情，用它来帮助你专注于重要的事情。从视觉上来看，六边形是一个很好的形状，它也可以提醒你关注它的力量：它是自然界中最有弹性、最强壮的形状之一，当它与其他形状连接起来时，效果尤其的好。

## 简单的几何学

应用六边形行动的一种方法是把你所有要做的事情都限制在六件事，或者限制在三件事，但这三件事可以分解成六件事。保持简单的最好方法就是，问问你自己能少做多少，而不是多做多少。想一想，如果你这样去做了，你还能释放出多少工作需要的内存。另一种方式是用一种非常明确的几何图形的方式来思考形状、图案和过程。六边形行动让你从大自然中学习，检查你自己的自然资源是什么，以及如何最好地利用你所拥有的资源，如何保存你的能量以便最好地去创造和发展。

将六边形行动作为你简单表达的方式，你是在保持简单吗？你能把你的任务、挑战、想法和感受拆分成小块，以便你能按步骤去做你需要做的事情吗？

我选择简单的六个方面来帮助你。这六个方面，你需要在容易和苦难以及简单和复杂之间取得平衡。六边形的行动旨在尊重生活中不可预测的混乱，但也需要你尽自己所能去阻击它并积极采取措施来保持控制和专注。这世界很大且混乱，但它有模式、有力量、有秩序。相信我，这六个面就是你的碳原子，是让你保持强壮的重要组成元素。

## 六个关于简单的箴言

欧几里得将他的几何理论建立在公理之上，这个公理是一份很有含义的迷你清单。因此，为了致敬欧几里得，六边形行动的每一面都概括为一个六字公理：

1. **清晰**。**“清晰”的六字公理是“清澈透明简单”**。

没有什么比混乱、困惑更糟糕的，随之而来的是拖延、误解和不信任。当你能很清晰地掌握某件事的发展时，你便会去分享。这是对自己和他人的一种慷慨的行为，反之则会严重影响你的认知和信息流。清晰的六个核心要素是决定、注意力、目的、习惯、界限和我所说的内务处理。对我来说，最能说明问题的六边形是碳原子，它是有机生命的主要组成部分之一，顺便说一句，分子结构也是一个六边形。

2. **个性**。**“个性”的六字公理是“人应优于机器”**。

我们在数字时代必须努力工作，这样才能知道人类应该工作到什么程度下中止操作，机器在什么程度接管，这给我们造成了巨大的焦虑和困惑，当然也带来了机会。因此，帮助我们在艰难多变的时代保持稳定的六个元素是身份、数字自我、神经多样性、创造力、完整性和敏锐的位置感。“简单”的六边形吉祥物当然就是雪花了：没有两片雪花是完全相同的。

3. **重置**。**哪六个字最能概括这个重要的人生秘诀呢？“大脑需要休息”**。

我们明白很多关于睡眠的知识，但休息和重置完全不是一回事。这种席卷全球的压力流行病要归功于“永远在线”的职场文化。在这方面，我强调的六个解决方法是释放、放松、好奇、自然、呼吸和乐趣。什么六角形最容易让人联想到重置？对我来说，那一定是被罩，那是一种美丽的工艺品，很多被罩都会将六角形放在图案的最中心。

4. **知识**。**“知识”的六字公理是“避免信息臃肿”**。

我把我们在数字时代如何管理彼此之间的联系称为社会健康，正如我们已经学会通过饮食和锻炼来管理自己身心的健康一样。现在我们必须明白，人类正面对一场数字化信息时代的流行病，这带来了一系列的社会健康问题。战胜信息过于臃肿的六种方法是信任、智慧、已知的未知、学习、策划和记忆。哪种六边形最能表达这个公理呢？它一定是土星的六边形，也就是围绕着土星的，非同寻常且无法解释的云状图案。

5. **网络。这个至关重要的要素有一条显而易见的道理：“多样化更重要。”**

如何通过专注于某一领域来获得简单性，我们有大量的知识需要了解，因为网络支撑着自然界和技术中的一切。我们了解得越多，就越能创建自己丰富的网络。这里的六个方面包含了沟通、超个体、网络、社会资本、沙龙和社会六人。那么我会选择什么作为网络六边形？答案就是蜂房。蜜蜂是遵循简单性原则和按照六边形行动的典型物种，蜂房内的蜂室由六边形组成，蜂巢的兴旺也是得益于它独特的六角形蜂室结构。

6. **时间。无论我们如何计算，我们都不能延长时间，“把时间当身体”。**

这意味着，你将往你的时间表内加入的行程和你为了身体健康吃进去的食物、喝进去的水一样重要——你的管理方式连接了时代。研究表明，我们现在每天大约花六个小时上网，那么我们该如何学会珍惜时间，明智地使用它，控制它，让它为简单性原则服务呢？我关注的与时间相关的秘诀是：截止日期、时间表、时区、中断、生物钟、过去和现在。关于时间的六角形是一个简陋的肥皂泡，六边形在物理学中很受欢迎，因为它总是寻求在空间中达到最高的效率，当你吹出一堆乱七八糟的肥皂泡时，它们也会遵循物理定律，尽可能保持稳定和紧密，并且几乎每一个都无限趋向于六边形。我认为这是我们如何在生活中寻求秩序和效率的一个隐喻，尽管我们的生活已经凌乱不堪。

# 第二部分

# 简单的六个面

接下来，我会将“简单”切分成六个面，对其进行仔细地打磨。这些内容会帮助你找到重点、提高效率，因为它们代表了我们价值观的本质，不管情况有多艰难或多复杂，都能帮你渡过难关。对简单进行切分的核心就是通过一些小的步骤来实现更好的自我，就是“繁荣全球”创始人阿里安娜·赫芬顿所说的“微步骤”。

做饭的时候，我们会用到切、削、蒸等烹饪手法。在这里，我想通过“烹饪”来比喻“简单”的六个方面，把这六个方面想象成六种食谱，每种食谱有六种食材。我会给你36种食材，像一个优秀的厨师一样，你将学会根据自己的喜好和口味来混合和搭配，在每一处的结尾，都会有一个总结：六份准备好的“外卖”。

# 第四章

## 第一面：清晰

## 晶莹剔透会带给你简单

我八岁的时候，只有一个目标：拥有一条当时风靡一时的牧马人牛仔裤。我清楚地知道，得到它的唯一方法，就是在我母亲面前献殷勤。我记得这个方法真的很有效，那是1972年，约翰尼·纳什凭借他的歌曲《我现在可以看清楚了》大获成功。收音机里不断播放这首歌，从那以后它就一直在我的脑海里回荡。

约翰尼·纳什唱道："所有阻碍我前进的障碍，穿越混乱的乌云。"这首歌让我感到非常舒服，歌曲所传递的信息，包括他对未来的乐观态度，一直萦绕在我的脑海中。我意识到，克服障碍的最好方法是，能清楚地看到它们，清楚地面对它们，反过来，你也能清楚地与它们相处。

清晰是简单性原则中的关键元素，是一个非常重要的切入点。没有它，你一定会感到困惑、拖延、彷徨。我确定了六个清晰的要素，它们可以帮助我们获得一个更清晰的视角，并帮助我们走向简单。如果你此刻正处于浏览模式，可以直接看标题：

1. 决定：延迟和优柔寡断会造成不必要的复杂性。
2. 注意力：数字干扰导致社会不健康。
3. 习惯：模式和可预测性可以梳理选择。
4. 目标：生产力来源于生产目的和生产意义。
5. 边界：设置限制是一个重要的切入点。
6. 内务管理：发现整理文件的乐趣。

## 1. 决定

> 你不需要更多的时间，你只需做出决定！
>
> ——赛斯·高汀

### 决策树

当你在需要做决定的某一件事面前犹豫不决时，相信我，事情通常是混乱的，随之而来的则是压力、焦虑以及由于太多选择而无法果断下决定。

我想谈谈优柔寡断这个在我们做决定的程序中无法避免出现的一个变量，它对我们很多人来说都是一件大事，因为它可以阻止我们前进。当有人考虑是否给我们一份工作，或者判断一份工作有多困难的时候，我想到了拖延。在我们的生活中，有非常多的选择和竞争吸引着我们的注意力，而使得我们很难对日常中的微小决策排列好优先顺序。

据说，世界上每一个人的大脑每天做出的决定的平均数量达到35000个，这是一个非常惊人的数字，这些“决定”包含我们的身体往哪里移动、吃什么东西、每时每刻都要做些什么事等。尽管我们的大脑每天都会无意识地做出数以万计的决定，但我遇到的很多人还是觉得自己被“做决定”困扰。不知道为什么，人们似乎很害怕面对选择和判断，于是本能地去避免。你是他们中的一员吗?

用不着这样！我们能够更快、更坚定地做出决定，这是清晰的一种标志，也是力量的标志。你应该明白一点——当你在判断某一件事时，它是主动而不是被动的。做决定的能力是被困住和挣脱之间的区别，做决定是一种清晰的行为，是为其他事情的发生扫清道路。你可以把决定想象成灌木上的果实，它成熟了，当然随时可以摘下来。而做决定的过程则是复杂的，涉及许多不同的部分：比如天气、土壤、农作物的强度。换句话说，很多变数是你无法控制的（我认为办公室政治就像天气，总是有人对着你泼冷水等），但是，采摘水果的时机一定有一个明确的时刻，当水果成熟了，你所需要做的就是采摘它。

只要将优柔寡断这个变量从决策中分离出来，精确的行动就成了将复杂性简化的行为，一个不再是由别人决定的环境和接下来会发生什么由你自己负责的未来！你就是领导！你才是主角！

## “选择”的专政

做决定并不容易，也不应该很快就做出。但如果你看重清晰度这个面，你就会认识到做决定是实现它的基石。在心理学上，无法做决定被称为“意志缺失狂”（源自希腊语，意思是“没有意愿”），与负面情绪、压力和焦虑有关。神经学家大卫·依格曼在他的畅销书《大脑》中写道：“在我们做决定之前，大脑会告诉我们如何在脑海中进行大量的场景规划，努力想象‘潜在的未来’。”

市场营销员总认为更多的产品和选择会比有限制的选择更好。这就是为什么超市货架、电视频道、啤酒品牌和化妆品总是琳琅满目，让你有非常多的选择。你可以试着在亚马逊上搜索便利贴，便利贴的意义在于，它可以帮助你简化构思：你不必把你正在读的书放下来，可以在上面写下你的笔记，然后继续下去。这听起来很简单，然而，亚马逊提供了20多页的选择，不仅可以购买不同的品牌，还有同一品牌的不同款式供你挑选。在每件物品中我们都能发现一句在亚马逊上很熟悉的文字：“更多的购买选择”。因此，即便你可以做到“一键购买”，但在简单地在网页上下单之前，你还是必须做出一系列相当复杂的决定。

## 决策疲劳

有证据表明，我们实际上更喜欢较少的选择，而不是更多

（抱歉，营销人员）。加利福尼亚一家超市的一项著名研究发现，一桌供应六种果酱的桌子能吸引30%的购买率，而一桌供应24种果酱的桌子却只能吸引3%的购买率。所以，我们喜欢更多选择的理论实际上是被现实削弱了。

如果决策做得太多，就需要限制决策。美国前总统巴拉克·奥巴马承认自己限制了西装和衬衫的选择，让“决策疲劳”这一概念广为人知。他在2012年接受《名利场》采访时说：“我正在努力减少着装，我不想决定吃什么或穿什么，因为我有太多其他的决定要做。”

以其他情况下的“决策疲劳”为例，比如如何摆放壁橱里的东西、使用哪种社交媒体浏览信息、进入文档系统归档、怎么在文件上修订注释。整个过程是一样的，只是罗列出我们今天生活中无数杂乱的实体和虚拟物品，就会让人精疲力竭。

这就可以解释为什么现代政治中的“民粹主义”是关于人们对简单信息的反应，而不是复杂信息。以英国脱欧为例，2016年脱欧公投是一个简单的提议：留还是走，而公投是通过一个简单的信息“夺回控制权”赢得的。

一位来自失利方的政治家事后表示：“我们不清楚人们想听到的是什么。”从这一点可以看出，简单能达到复杂所不能达到的效果。

我们避免做决定的原因有很多，担心后果很明显是其中之一。在我不确定该采取哪一步时，一个熟悉的声音会在我的脑海中响起——如果我……失败了怎么办？我看起来很荒谬吗？结果适得其反？所有这些对未来的设想如果都成真该怎么办？还有一件事也是如此：犹豫不决会导致更多的问题出现，而不是解决问题。基本的问题并没有消失，而想象力却在疯狂地发挥——解决方案仍然需要去寻找。

接下来呢——解脱！你做了决定，很快就采取了行动或有了决心。做一个决定有一种真正的解放感——比如当你从跳板跳入水中，或者摘下李子的那一刻，当你鼓起勇气决定做一件事的时候也是如此，即使这件事很难或带来了不确定性。

做决定可以简单明了，而不做决定往往会增加复杂性。

## 坐着做决定

不做决定往往会使复杂性永久化。如果你是某个领域的专家或者是领导者，拖延会让你周围的人承受额外的工作和压力，这既不公平也不可能富有成效。从某个层面来说，做决定失败就像留在水果筐里供人挑选的，成熟的果实，这时会有两件事发生：要么被别人选上，要么就在筐里腐烂。或者可以这样说，要么你浪费了一点时间选水果，要么在犹豫中被别人吃掉你的午餐。这确实意味着花太多时间来做决定是影响你清楚地思考问题的一个因素。营销人员更清楚这一点，就像他们出差之前在酒店预订网站上的时钟滴答作响时都会显得很焦急。如果你不确定现在是否该快速做出决定，那就花六分钟，对！静坐六分钟，仔细地思考一下，是什么在阻碍你？

制服优柔寡断的秘诀之一就是对它进行微观管理。逆向思维的后果是巨大而深远的，试着从更小或更窄的角度来看待它："当你决定这件事时，某些特定的东西会改变，它会导致其他的改变，所有这些我都可以做出回应，并选择采取进一步的行动。"换句话说，如果做决定让你感到焦虑，认识到这一点并安慰自己，让自己先做一些微小的动作，给自己六分钟；如果是一个相对较小的决定，就给自己六小时；如果是一个较大的决定，就给自己六天，花些时间去真正了解你自己的感受以及你的选择，然后……收获你的水果。决策实际上是可以相当美味的！

在阐释了决策的价值之后，我们就很清晰地了解了六边形的第一面。但是，决策过程中最大的障碍之一是在这个"始终在线"的时代，我们越来越难以应对的问题，也是接下来我们为什么需要关注的问题：注意力。

## 2. 注意力

### 低头族现象

你是否有过一边看手机一边头也不抬地用简单一句"啊哈"去回应别人？如果是这样，你就是一名低头族。这是一种在使用手机时冷落别人的行为。你是不是那种一天能拿80次手机，恨不能每12分钟就要拿起手机一次的人，反正我就是这样的人。这也是英国通信管理局常说的。研究还表明，在发达国家，人们每天花在智能手机上的时间是四个小时，没错，这是一天所有时间的六分之一，是人们醒着时间的四分之一。在我们为此痛恨自己之前，我们应该奇迹般地增强我们的意志力，减少上网时间。事实是，智能手机正越来越多地成为我们交流、收发信息、保持联系、社交和工作的方式。这部如同小电脑一般的手机，只有一本小手册或超市奶酪大小，但大部分时间它都让我们沉迷其中。

这些都是要付出代价的。一方面是时间，我将在本章后面讨论这个问题；另一方面就是注意力了。当你沉浸在电子设备，以为自己正全神贯注埋头于电子邮件、新闻或社交媒体，沉思和无休止的点击会使你的注意力被割裂成多个屏幕，而且这并不是一个好主意。

## 无限滚动

微软聪明的网页设计师发明了一种被称为“无限滚动”的网页自动刷新技术，但他当时并不知道自己放出的是一个什么样的怪物。现在我们知道，人类大脑的回路无法应对太多分心或焦点的转换。瑞典卡罗林斯卡学院认知神经科学教授托克尔·克林伯格在他的著作《过剩的大脑》中阐述了一个理论：我们的大脑缺乏集中注意力和处理注意力的“无限能力”。这与20世纪50年代乔治·米勒得出的结论是一致的，即我们在任何特定时间记忆事物的极限都在七天左右（这也是我把6作为我们工作天数的主要原因）。

注意力促使我们将所做的事情进行优先顺序的排列，让我们知道如何利用试错来做出重要的决定并采取重要的行动，是我们吸收信息的方式。毫不夸张地说，不集中注意力会导致错误和挫折。换句话说，分心是我们对注意力过度要求的结果。

斯坦福大学教授克利福德·纳斯对人的注意力和多任务处理方面做了一些研究，他宣称人类是“无关紧要的工具”。这听起来有些刺耳，但事实的确如此，人类大脑的化学变化实际上是在某种程度上寻找新的链接，这是人类之所以出色的部分原因。然而，当我们的生活中出现了分散注意力的东西，比如数字技术，一个巨大且复杂的情况发生了——为了清晰的目的，它却会耗尽我们的注意力。

当我们的注意力被束缚在一个错误的地方，被复杂性搞得眼花缭乱而分心时，各种各样意想不到的后果就会发生。你就是那个戴着耳机走在街上，因为没注意而险些被车撞到的人。在这个广阔的世界上，一些其他注意力问题也显现出来。以2008年的全球金融危机为例，在电影《大空头》中，美国政府和华尔街的信用机构都被卷入金融灾难，被自己无法理解的复杂金融工具所吞没。

当我们不注意的时候，我们便会错误地理解事情。当复杂性以某种方式变得正常化，我们所做的每件事都比它所需要的更复杂时，我们就会停止关注。

## 23分15秒

当我们大脑分散注意力时，会发生两件事。首先，大脑会迅速超载，实际上我们会变慢，变迟钝，失去时间和注意力。加州大学的格洛丽亚·马克和同事们发现，人的注意力分散后，需要23分15秒才能重新获得注意力和集中力。所以，即使是处理一下电子邮箱里80封邮件中的两封，也会花费你近一个小时的时间来恢复正常。

注意力不集中的第二个问题是关于分心。分心不仅会让你偏离轨道，而且容易情绪化。太多的超负荷会导致压力和焦虑，极为复杂的神经系统通过释放皮质醇来应对压力，如果刺激过多，我们的大脑会触发一系列生理和心理反应，同时这种“压力激素”也会升高。大脑皮层是大脑的主要部分，主要负责思考、阻止思维、处理信息，过度刺激大脑皮层会引发焦虑。

感官的超负荷与恐慌、不知所措有关，并容易引起精神崩溃，这种状态一部分是轻微的，另一部分则走向极端。

所有这些都把我们从清晰中拉向混乱，让我们注意力分散、心不在焉、感到痛苦。这些都可以说是来自环境因素，而我们却没有办法针对它们做些什么。

## 你让我很焦虑

近20年来，社交媒体所做的一切让人们明白了我们多么渴望沟通，但同时它也让我们感到非常孤立。对于每一个在脸书（Facebook）上发现自己属于某个特殊兴趣小组的人来说，一部分人正在社交媒体上遭受欺凌或恶意攻击，这增加了他们的孤独感。他们曾自由地给予社交媒体关注，但这没有给他们带来任何好处。

这一令人困惑的画面来自不同的学术研究，而这些研究往往相互矛盾。例如，发表在《美国预防医学杂志》上的一项针对美国年轻人的研究论文表明：每天在社交媒体上待两个小时以上的年轻人往往会比别人感到两倍的孤独而不是两倍的沟通带来的愉悦。然而，英国皇家公共卫生学会在英国进行的一项重要研究结果却复杂得多。他们列出了因为使用社交媒体带来的九种潜在的“负面影响”，但同时也列出了十三种“积极影响”。然而，就连他们的研究也表明，有五分之四的年轻人表示，使用社交媒体会让他们的焦虑感更严重。

注意你在社交媒体上花了多少时间，是一个开始评估自己水平以及评估你是否处于失衡状态的好方法。“在线”含义有很多，可以是单纯的社交分享和对话，可以是专业发帖，也可以代表自己或他人。但是你应该问问自己：我可以拿起电话吗？我最后一次和这群人说话是什么时候？我是在和朋友还是陌生人交流，还是所有这些情况都有？

这里有一种观点，并不是每个人都会惊慌失措，并不是每个人都觉得分心会令人不适。通常没有什么比沉浸于自己的世界更美好的事了：走进大自然、读一本书、玩一款网络游戏、换一个套装。如果你必须集中精力工作，那么注意力才是最重要的，它可以是学业，也可以是创收的工作。

每个人都在努力避免自己的疏忽。企业花钱想办法抓住我们的“眼球”，政府也花钱搞清楚如何“推动”我们改变自己的行为。但我们常常忘记，除非我们努力保持注意力，否则我们必然会分心。当这种情况发生时，我们不仅失去了注意力，还背负了压力。

在我看来，毫无疑问，压力的增加和科技导致复杂性增加之间有着直接的联系。超负荷是因为社会承载量过多，当我们需要的更多时，反而降低了清晰度。怎样做才能减少压力，恢复镇静呢？首先，我们要认识到不间断聚焦的价值，把注意力当成一件你可以拿起又放下的东西，而不是看不见摸不着。想想你在完成任务时从一件事切换到另一件事的23分15秒，无论是从汽车切换到火炉，还是从笔记本电脑切换到会议，然后开始计划你的注意力应该放在哪里。把注意力看作是你可以选择使用的东西，就像任何资源一样。这样，你就拥有了有限的注意力，而不会让它到处跑了。

也许重新获得和提高注意力最重要的方法就是清楚地看到，为了做到这一点，你需要养成新的习惯。

# 3. 习惯

## 通用的语言

习惯在许多语言中看起来都不一样，这里仅举六种语言的例子：日语是“shuukan”，西班牙语是“la costumbre”，法语是“l’habitude”，汉语是“习惯”，德语是“die Gewohnheit”，阿拉伯语是“aead”。但在每一种语言中，它的意思都是一样的：一种成为习惯的东西，一种被实践的东西，而且它与日常生活密切相关。培养习惯是做到简单的基础，因为它减少了选择、引入了模式，减少了做太多决定的需要和干扰，即使我已经向你展示了做决定没有你想得那么困难。所以习惯和清晰相辅相成，这是有道理的，如果每天都是一张白纸，这看起来的确令人兴奋，没有恼人的繁文缛节或约束，但要保持积极性很难。所有证据都表明，拥有某种形式的常规或习惯是良好心理健康的基础。习惯和爱好不同，爱好是你为了消遣、消磨闲暇时间、沉迷于某种兴趣而做的事情。而习惯与自我保护和整体健康有关，比如你会去做某些事情，是因为你知道这是让你思路清晰，可以带来整洁、简单的方法。

我个人并不认为养成一种习惯必须一成不变。例如，有些人认为在固定的时间睡觉和起床很重要或者如果冥想就一定要履行一样的流程。因为我天性比较跳跃，所以我倾向于使我的习惯更有弹性。但自从我开始探索简单胜过复杂的好处，我便明确地意识到了养成习惯的重要性和它与自由散漫的区别。

## 66天的习惯

史蒂芬·R.柯维的《高效能人士的七个习惯》是有史以来最好的心理自助书籍之一，也是最畅销的书之一。他说习惯是知识（做什么、为什么做）、技能（如何做）和欲望（想要做）的混合体。不管是什么，养成一个新习惯或者改变一个旧习惯都不是一蹴而就的事情。习惯需要时间和练习。事实上，英国最近的一项研究表明，人们完全忘记一种习惯并开始另一种新习惯需要66天。你觉得这时间太长？是的，它肯定比在地铁里或会议上无限滚动鼠标的时间要长，但如果你能坚持下去，收获是相当大的。

有很多人是很容易养成习惯的，但也有一些人容易“陷入”习惯。我们会猛然注意到，不管是好是坏，我们已经把一些事情变成了日常生活的一部分。著名的社会哲学家查尔斯·汉迪每天早上都会在当地的公园里散步40分钟，舒展一下双腿，清醒一下头脑，为新的一天做好准备。这成为一种固定的惯例，唯一打破这个惯例的一次是他在80多岁时中风。

查尔斯是一个愿意养成习惯又有品质的人，出院之后，他的目标变成了改变他的习惯，以适应他更家庭化的地位。坐在伦敦西南部普特尼的家里，阳光透过窗户洒进来，查尔斯告诉我，他的新习惯是进行更多的“精神漫步”以恢复一些受损的认知功能，比如记忆。他调整自己的习惯以适应环境，这非常实用，而且当你用心去做的时候，其实并不难。

好消息是，大脑充满了“可塑性”，而不是从出生起就固定下来，除了学习基本没什么其他的事情要做，不断地学习、忘记、学习并形成新的习惯。做一个决定，可以帮助你建立一个新习惯，取代旧习惯。一个新习惯的美妙之处在于它是变化的明确标志，是旧习惯走向新习惯。人们常说“旧习惯难改”，但请记住：掌握新习惯会让你感觉自己像重生一样。

## 技术安息日

人们现在已经熟悉了“数码安息日”这个概念，但我把我的安息日称为“技术安息日”。因为从周五晚上六点，我会清空邮箱，开启离线状态，只关注家人和自己的线下生活。这是我养成的一种仪式和习惯，每周如此。然而，有的时候，每当我关注社交媒体的旧瘾复发，我的情绪就会变得焦虑起来，感到被剥夺了某种心理安全感，此时我的大脑和精神都会因为看手机而一直处于启动状态。所以，这需要练习，如果你真的停下了某个习惯，你需要66天才能恢复，但我发现这是值得的。

## 意志力方式

有一个关于意志力的解释：任何一个在节食或努力培养一个

新习惯的人都知道一点——意志力总有一天会崩溃。整个饮食行业都在努力做到让食物更诱人，也让人更容易吃下去。但是，令人惊讶的是，美味的食物比人们想象的更容易让他们打破原本的计划，比如当对某种食物或者某个行为上瘾的时候，这对情感来说是致命性的毁灭。所以，到底是哪里出了问题呢？是因为人们没有意志力、很懒很笨很馋吗？事实上并非如此。实际上，每个人的意志力在某种程度上来说是真实的，但也可以是一种假象，因为人们的经验就像电池或其他形式的能量一样，是有限的。

心理学家罗伊·鲍迈斯特在1998年进行的一项著名实验中声称，如果你不断要求人们克制自己的欲望，他们迟早会耗尽意志力，就像汽车最终会耗尽汽油一样。斯坦福大学心理学家瑞德·戴克更新了这项研究。他表示，我们想象中的意志力正在耗尽，才让我们相信真正的意志力正在耗尽。无论如何，意志力都具有强大的影响力，我相信可以用它来改变我们的行为方式。

这些研究彻底改变了我们对如何限制诱惑和改变行为的思考方式，“助推理论”的创始人和行为学专家理查德·H. 塞勒和他在芝加哥布斯大学进行的“一碗腰果”实验也证实了这一点。这个实验告诉我们，如果你想限制吃零食并保持意志力，那就把那碗腰果拿走！这个实验针对的是人的意志力，但也说明了“简单性”的价值。没有人建议你进行一次治疗来弄清楚你需要腰果的原因。但如果你已经决定不吃，这个简单的技巧就能让你达到目的：它利用了我们现在所知道的关于意志力的神经科学，并缩小了反对情绪。

意志力和习惯之间的联系很重要。如果你想开始做某一件事，你可以通过减少开始做这件事所需要的意志力来养成一个新习惯。比如锻炼，我发现自己经常会因为需要健身房设备这样一个简单行为而改变我去健身房的频率。同样如此的是，当我想试试瑜伽伸展或者在家进行简单的力量训练时，我用一个垫子创建了一个小角落，这样我就不必再因为四处寻找我需要的东西而消耗我的意志力了。如果我们采取一个非常实际的方法——准备好装备放到角落，那些在心里不停斗争的想法也就消失了。从不花时间去做和养成习惯之间有很大的不同。

另一位非常了解这一点的人是作家兼播音员蒂姆·费里斯。他的畅销书《4小时的身体》启发了全世界数十万名终身减肥者，他指出，如果你想在吃什么和什么时候吃这个复杂的问题上开辟一条捷径，那么就用第七个“作弊日”来缩小你六天的决定范围，你的饮食生活将会更简单。

养成一个新习惯需要尽量减少能让你分心的事情，比如关掉手机的通知功能，把你的手机放在一边。当然，当涉及简单性和清晰性的时候，我们很容易想到少即是多，因此蒂姆·费里斯设置了一段固定的时间。他会通过在六天内让你发挥自己的意志力来解决毅力的问题，无限量供应正常的饮食，让你面对自助餐和巧克力，让你的能力一直处于亢奋的状态来经受考验。

## 制定模式

神经可塑性和我们形成新习惯的能力显然是思想层面的，毕竟它们发生在我们的头脑中。面包篮的诱惑和社交媒体的诱惑一样，它们本身就不是必需的，因为没有人强迫你这么做。但诱惑感是真实存在的，因为它就发生在你的脑海和情绪中，也因为你已经建立了牢固的习惯。为了改变你的习惯，你必须调整你的思维。六边形行动是一个消除压力、形成新习惯的很好的方式，通过对行为和直觉的不舒服感受来惩罚自己是没有意义的，积极地看待新习惯会更有成效。你越能重新训练你的大脑，让它接纳你的新习惯、清晰度、决定以及你如何创造新的生活方式，你的任务就会变得越简单。

让我们来回顾一下简单战胜复杂的基本原则，如果没有它，我们的生活就会变得凌乱不堪、一片狼藉。当我们用简单的方式处理事情的时候，我们会不再分散注意力，变得更专注、清晰。我们在有限的时间内完成了更多的事情，但为什么会烦恼呢？这不是什么深刻的哲学问题，更多的是一个实际问题。重点是什么？要回答这个问题，就要强调清晰性的第四个方面：目标。

## 4. 目标

### 早上叫醒你的是什么

“目标”这个词，字典里解释的意思是“完成某事、创造某事，或某事存在的原因”。那一定是一件相当大的“事情”。你同意吗？换言之，如果你有一个目标，那么每天早上就是那些你可以为之奋斗的事情把你叫醒。目标本身就是一种清晰明确的形式。现在我能清楚地知道约翰尼·纳什的曲调中那欢快的摇摆是有明确目标的。有运动、有目的、有前进、有意义。

“目标”是一个让我可以与一些积极的东西联系在一起的词。我们再说回字典里的解释：“它是任何事情的完成、创造或存在的原因，作为一种行动或努力的固定设计、结果或想法。”所以，人是有目标的。问题是，你有吗？如果你有，这是否意味着你有着更高的清晰度，从而拥有更多突破复杂、直奔主题的能力？我相信答案是肯定的。这就是原因。

确定了目标之后，我们不是说就可以在沙发上吃起汉堡，也不是懒洋洋地躺在那里等灵感来找你。我并不是说这些行为都不对，事实上，如果调整一个角度来看，我认为，它们是有时间和地点的。如果你已经确立了目标，立刻会让我想起另一个词：能量。

蕾切尔是一位40多岁的单身母亲，她有一对双胞胎女儿，她们一家住在伦敦破旧地区的一个福利公寓里。有一天，她发现一群漫无目的的十几岁的男孩晚上会聚在她女儿窗外的走廊里大声聊天，他们吸食大麻的味道从窗户和门口飘进来。蕾切尔意识到这些男孩的问题，他们越来越麻烦，但突然她就明白了——必须采取行动。这就是她的目标，她非常清楚该如何去做，她不仅要把这些男孩们转移到一个不同的地方，而且以后也不和他们生活在同一片天空下。

尽管这个社会问题非常复杂，复杂到政治学家、社会学家、心理学家和一系列专家不断讨论，想要找到解决这类棘手问题的最佳方法，但蕾切尔却把问题简单化了。她确定了当地的社区中心和资金来源，并将两者结合起来。这很容易做到吗？并不容易；她有担心过自己在做什么吗？她担心过；那她继续做了吗？是的，她当然做了。于是，“伦敦乡村网络”就此诞生，它是伦敦最成功的草根组织之一，现在被公认为变革的先驱。而它成立后干的第一件成功的事，就是让那一群整天无所事事的男孩安分守己地融入社会，找到工作，开始新的人生。

蕾切尔是有目标的，她始终坚持简单明了地接近目标。但她并没有意识到，这其实是有一定的意义的。蕾切尔有一个朋友，多年前这个朋友在一个犯罪团伙里遇到了大麻烦，最后被送进了监狱，在获得释放后经过多年的忽视和虐待，最终去世了。所以，蕾切尔的这个目标是个人化的，这不仅体现了她对孩子们安全成长的渴望，也体现了她对那些男孩远离罪恶的渴望，以纪念她失去的朋友。

## 特色建筑

在你的个人或职业生活中，你有目标吗？是否有一件对你很重要的事情，你想要清晰简单地把它做好？你所做的有意义吗？它值得你花费时间、精力和技能吗？不要害怕看清楚这一点，因为它其实并没有那么复杂。你没有太多选择，也许你为了家庭的收入就像在跑步机上一样一直奔跑，或者别人对你的期望让你感到是种负担，但当你从目标的角度来重新审视时，会发现现实远比你想得更加清晰、简单。

各种公司企业已经开始抓住“目标”这个概念，并将其引入董事会的发展战略，这意味着在商业界，“目标”时代已经到来。对商业领袖们来说，目标不仅仅意味着利润，它还意味着生产出可以造福人类和地球的商品和服务的理由。换言之，这是一个崇高而现代化的目标，某种程度上来说，也带来了消费压力和文化变革。作为一个只是建造摩天大楼和赚钱的企业来说，人们似乎不再有足够的目标，因为所有关于“千禧一代”① 和“Z一代”② 希望在工作中获得什么，调查都表明了这一点。

很多企业都已经清楚，消费者喜欢一款产品的目标理念，就一定是包含可持续性的。这是一个相当简单的问题，留住客户，

---

① “千禧一代”：同义词“Y一代”，是指出生于20世纪时未成年，在跨入21世纪（即2000年）以后达到成年年龄的一代人。——译者注

② “Z一代”：通常指那些在1996年以后出生的孩子（1996—2012），也就是生于20世纪60年代中期至70年代末的“X一代”的儿女。——译者注

同时也要做正确的事情。如果我们够诚实的话，就是这样的。你只需要看看世界上最大的品牌可口可乐公司是如何通过将其产品中的塑料使用量减半来解决塑料问题的。越来越多的目标性也影响着生产的底线。目标性能让你变得更清晰，也能让你的工作效率更高。

## 把目标付诸实践

当玛吉·奥凯恩还是一名记者时，曾获过很多奖，比如年度英国记者、年度最佳驻外记者、国际特赦组织年度记者、欧洲年度记者和爱尔兰红十字会年度人道主义记者。她为世界上最大的报纸之一《卫报》撰文。

她报道过一个针对女孩骇人听闻的罪行：在非洲，每11秒就有一个女孩被执行“女性割礼”（Female Genital Mutilation，FGM）①。关于“女性割礼”的问题，在许多国家和文化的观念里，人们错误地认为，这种做法是出于宗教原因，然而事实并非如此。玛吉对“女性割礼”做了广泛的报道，并在报纸上发起了一场运动：结束“女性割礼”的全球媒体运动。在从事了30年的新闻事业之后，她决定将自己的一生都奉献给这项事业，并把这个项目变成了一个慈善机构，目的很简单：让尽可能多的非

① 女性割礼是一种陋习，于4至8岁间进行，目的是割除一部分性器官，以免除其性快感，并且女性割礼确保女孩在结婚前仍是处女，确保结婚后也会对丈夫忠贞。始于古埃及法老时代，在非洲仍然存在。——译者注

洲人民了解女性生殖器切割是不必要的，以及如何阻止“女性割礼”。迄今为止，非洲已有8亿多人收到了这一信息。全球媒体运动的运作方式是沿着六边形行动的路线进行的。有三个优先事项：（1）他们培训非洲各地的活动家、宗教领袖和新闻工作者，让他们利用媒体制止“女性割礼”；（2）慈善机构以直接向自己的社区广播的方式来支持他们；（3）他们在电台、电视和社交媒体呼吁停止切割女孩的文化。

当我遇到玛吉，告诉她我在写的一本关于复杂世界中的简单性的书时，她热情地点头称赞并告诉我：阻止“女性割礼”非常简单。因为我们发现，政治家、慈善/非政府组织结构往往官僚化和复杂化，更注重向捐助者提交报告，而不是实地采取行动。当我们看到所需要的东西时，我们只需要做三件事。我们每次培训的人数只有几个人，因为我们发现在一个社区能够产生影响力的任务，总是不到六个，我们就这样继续下去。

## 生产力之谜

但是没有“生产力”这个词，你就不能谈论个人或职业的目标。让我们感到头痛的是，再多的技术和先进的管理似乎都不能提高全世界的整体生产力水平。这表明，有一些未确定的问题阻碍了生产力的发展，经济学家称之为“生产力之谜”。

那些不喜欢衡量人们在工作中，尤其是在体力劳动环境中的生产力的人认为，这种方法将工人减少到了所谓的“泰勒主义”

时期在早期工业工厂工作的劳动者的数量。这是在19世纪80年代和90年代，当机器开始取代人类时，人类的任务从以技能为基础转向以重复的机器为基础。许多人认为，今天也发生了同样的事情，自动化和机器人集成电路破坏了工作。而另一些人则持相反的观点：因为机器人会完成所有无聊的工作，员工将有更多的工作要做。

工作效率与目标有着必然的联系，正如工作场所的压力与有毒物质的管理有关一样。如果你既不相信自己在做什么，也不相信自己是为谁而做，那你又怎么会投入、热情、富有成效呢？我认为简单性原则的一个基本思想就是保持真实并将其表达出来。生产力这个问题，通常是因为目标不再明确。

值得一提的是，重复性工作和创造性工作都具有价值，但并不是每一份工作都是两者兼具。想要一份你只需打卡上下班的工作，而不是一个更具智力挑战性的角色并没有错，但这并不意味着你放弃了一个基本的价值观，即每份工作都应该得到公平的报酬，每一个人类劳动者都应该得到公平的透明、诚实和支持性的就业或招聘。“有毒职场”与压力之间存在着联系，这种压力可以将工作、利润及缺乏目标淹没掉。再说一次，我并不认为这很复杂。不健康的工作环境会使人们的健康状况变差，而雇主的诚实和对员工的真挚感情更有机会得到员工的忠诚和生产力的回报。

那些确实很照顾员工和承包商的公司，都表现得非常好，他们似乎没有“生产力之谜”。以克洛诺斯为例，它是一家人力资本软件管理公司，总部设在美国马萨诸塞州，但从印度到澳大利亚，在全球拥有6000名员工。首席执行官阿龙·艾因自称是“联合国领导人”，建立了一套高度创新的制度，让员工自己设定假期和限制。克洛诺斯利润不仅逐年增长，而且总是位于各种排行榜的首位。阿龙·艾因告诉我一些有趣的事情，因为印度和北美有几个小时的时差，所以当他们在印度开张时，他们改变了工作日，以适应双方工人的实时工作时间，而不是强迫印度工人半夜起床工作。

## 5. 边界

> 成功人士与真正成功人士的区别在于，真正成功的人几乎对一切都说不。
>
> ——沃伦·巴菲特

### 如何说不

有人说“对不起”是最难的词，但是我不确定我是否同意。我认为要常常说“不”。我们知道很难听到这个词，因为这个社会基本上都讲“是”。比如“是的，你可以拥有一切，你可以做所有的事情，你能成为一个成功者，你可以买你想要的东西，你可以实现任何事情。是的！你可以”！

我当然知道表达“是”的力量和思考你可以做的、清晰的、目标以及激情的力量时有多澎湃。但还记得吗？23分15秒是你切换任务后重新获得注意力所需要的时间，所以请记住这一点，我们的注意力是多么有限啊，要记住事件本身是多么有限啊！我们一天有24个小时，而事实上，其中三分之一的时间我们都是在睡觉。所以不管我们喜不喜欢，我们都要说“不”，要保持边界。

掌握了成功的简单方法的人在做事情的时候是有边界的。沃伦·巴菲特是世界上最富有的人之一，也是最聪明的投资者之一。尽管他投资的公司的员工数量接近40万人，但他的伯克希尔哈撒韦公司只雇佣了大约24名员工。他过着简朴的生活，很少花钱，他常说一句口头禅：说“不”比说“是”更有力量。

## 极简主义的意义

沃伦·巴菲特和其他人都热衷于限制他们所承担的事情。他们的边界与简单和清晰一致：这是一种极简主义。沃伦·巴菲特也是二八法则的忠实拥护者，这条法则也被称为帕累托定律，是指20%的努力将导致80%的结果。换言之，把你花在那些实际上不会产生重大影响的事情上的努力降到最低，而把精力集中在那些真正会产生影响的小事情上，就是一个简单而有效的解决方案。

麻省理工学院的设计大师约翰·迈达也谈到了极简主义的观点，在他的一本简洁的著作《简单法则》中说：“深思熟虑的简约”是一个很好的策略，这是一种表达“少即是多”的好方式。正如他所说：“如果有疑问，就把它移走，但要小心你拿走的东西。”

在我的实际情况中，当我开始将“简单性”作为工作中负荷状态和复杂问题的解决方法的时候，我就开始在从我看到的人到我所做的一切事情上设置界限。需要注意的是，我说的是设定边界，而不是把事物限制在外面。我并没有排斥节省，而是缩小了我对优先考虑的事情表示“是”的范围。实际上，这意味着我要重新安排时间，以确保在特定的时间内关闭电子设备并对会议及会议时间进行限制。结果让我大吃一惊，从我开始这种转变的那一刻起，我发现我的工作效率提高了，我的身心健康得到了改善，和家人朋友在一起的时间更多了。我没有沃伦·巴菲特那么富有……但那要归功于他的“简单天才”！

但在如何确立更好的边界这个问题上，沃伦·巴菲特是值得引导你的内心的。现在就从你的日程表中挑选出六件事，然后删掉它们。例如，一个你可以委托给其他人的会议、把埋头在电子邮件中的时间用来阅读和思考……这些其实你都可以不用去做。然后利用其他清晰要素来磨砺你的感官，密切关注你的感受和你的目标感，是否有一些坏习惯搞乱了你本可以表达“是”的情况。顺便说一句，沃伦·巴菲特也喜欢极简主义，他没有智能手机，而且限制每天的饮食。所以他几乎把所有能让事情变清晰的原则和简单性原则都运用到了他每天所做的事情上。

## 算出来

追踪边界的一个非常好的方法就是衡量它们。我以前对“衡量”的理解有点太片面，以为这是给控制狂特设的。我以前从不称体重，也不计算步数，也不会记录我一天中到底做了什么。当我开始衡量边界的时候，我发现有一件事蓬勃地发展起来：浪费时间、不再控制注意力和目标的艺术。即使我仍然不相信我需要一些花哨的测量工具，如计步应用之类的，但我已经变成了某种程度的测量方式改革者。因为我所热衷的是将“衡量”作为一种可以拥有选择、决定、意图、目标的方式，并帮助我决定要养成什么样的习惯以及明确我的优先事项是什么。

我已经将“衡量”作为一条有意义的边界线，就如同我们遵守右侧通行的交通规则一样。

但请记住一点，衡量的重点，是要传递一种清晰性。例如，我对企业文化内部的“360度”评估体系持高度批评态度。这个体系是这样的：企业鼓励每个人发表自己对其他人的个人意见，以获得坦诚的反馈，然后将结果反馈到电子算法中，用以决定某个人的晋升和加薪。我知道，很多人力资源经理会讨厌我这样说，但这确实是真的。这种制度除了鼓励过分吹毛求疵和计较之外，还造成了非常没必要的复杂性。一个非常简单的系统，就是要明确规定团队或公司内部对员工的要求，给予员工正确的管理、领导、激励和安排，让他们继续做好自己的工作。

所以，请务必要在保持清晰和简单的基础上，对事物进行衡量，别太过火了。

政府往往善于衡量，因为他们必须说明公共资金的使用方式。多亏了心理学的新认识和“行为经济学”的兴起，他们能够使用新的策略和衡量反应。在智利，政府在收到涉及34家不同电力供应商的30000份投诉后，决定让他们的电费账单更清楚、更简单。通过对他们的政策进行一系列的细致调整，他们的新型电费单变得简单得多，因此，消费者对电费单的理解程度提高了50%以上，与以前相比，了解程度几乎翻了一番。

## 成功是什么样子的

我的前老板是澳大利亚的一位出版商，也是作家卡门·卡利的传奇性生力军，我当时还是一个年轻的图书出版商，但我学会了一个衡量成功的最佳方法。我当时在媒体上发表文章的记录非常好，和作者们相处得也很愉快，然后我就逐渐发展到与老板签订了一份合同，成立了自己的宣传机构，这意味着我要从专项预算中为专项书籍付费。我的客户很想知道投资回报怎么样，但这件事说起来容易做起来难，因为通常情况下，广告投入的时间和精力都不受结果的控制，不像广告海报那样，至少你可以买到它。

我记得一次与某出版社老板的可怕会面。内莉·弗雷克斯纳是一个超级聪明、直言不讳的美国人，在竞选活动中有着辉煌的战绩。她很少会把书籍外包给外部公关人员，但那一次她要出版的是当时英国最著名的体育精英、英国足球队教练特里·维纳布尔斯的自传。根据合同规定，他有义务做一些宣传活动，这意味着出版商面临不得不争取到一些强有力的媒体的压力。所以，当她要求在给我合同之前想要见我一面时，我知道她是认真的。

“我只有一个简单的问题要问你，”内莉说，她用友好但强烈的目光注视着我，“成功是什么样子的？”她问我衡量的标准是什么，是专栏英寸（这是互联网时代之前的事物）还是销售渠道的类型？我们最后就战略进行了一次非常有趣的讨论，我离开时决心争取她的投资和她的认可。衡量标准是与媒体、作者和他的经纪人打交道的组合，结果相当棘手。问自己“成功是什么样子”这个简单的问题，已经成为我在太复杂的情况下获得清晰的方法之一。

清晰和清晰本身给你带来简单化的生活，还有一个方面，它既是一种态度，也是一种行动，离你的生活非常非常近，因此，我称它为家务。

# 6. 内务管理

所有的东西都应该有一个地方，一切都在它的位置上。

——《贝顿夫人的家庭管理书》

## 成功的秘诀

150年前，在那个没有电、没有汽车、没有飞机的时代，当云还只是你可以在天空中看到的云而与现在的“云”没有半点类似的时候，英国一位名叫伊莎贝拉·玛丽·贝顿的女作家，在撰写一本既现代又新颖的书稿，她在这本书稿里教读者在家做饭、清洁、维持秩序、设计食谱、做家务事的技巧和传递如何生活的价值观。这本书先是在英国妇女的家庭杂志上以连载的形式发表，然后又以图书的形式出版。很快她的作品成了畅销书，一年之内卖出了6万册，十年内卖出了100多万册。这本被称为贝顿夫人的“家庭管理”图书，为烹饪作家和生活方式传播大师们树立了一个标杆。

贝顿夫人简直就是19世纪版本的近藤麻理惠！近藤麻理惠是日本作家和电视节目主持人，她的著作《怦然心动的人生整理魔法》在全世界售出了1000多万册。她们两个人都传递了简单明了的信息，就是在你最重要的地方，也就是你的家保持清晰、简洁和秩序。

毫无疑问，如果你在家里有一套系统和一个简单的方法，你就可以让它为全世界所知。这并不是苛求任何地方都符合极简主义，也不是要让每个家庭都看起来像酒店一样，虽然现在很多酒店的发展趋势是朝这方面迈进。但我真正要表达的意思是，如果你不能搞清楚家里的每样东西属于哪里，在哪里能找到它们，那么这些杂乱无章的物品就应该从你家的大门出去。

当我谈论家务的时候，其实我不仅仅是在说家或者你住的地方，因为现在很多人的工作和生活处在同一空间，或者说工作和生活干脆就是混合在一起的。随着全职工作的减少，许多人工作的大部分时间都是在家里度过，有证据表明，到2030年，世界上会有80%的人作为自由职业者在职业经济中自食其力。家务在未来既是一种精神状态，也是一种战略，所以我们首先要考虑的是“什么导致混乱”以及“如何消除它”。

最早让我对这种态度感兴趣的大师是作家大卫·艾伦，他的书《把事情做好》永远放在我的书架上。大卫·艾伦、伊莎贝拉·贝顿和近藤麻理惠的共同点在于他们都认为清晰就是澄清，简单就是解放。

我也是。

## 杂　乱

在美国，有50000多个自存储设施，占地近120亿平方米。欧洲拥有超过300万平方米的存储空间，平均出租面积近1200平方米，而新加坡最大的自助存储业务Storhub以1.8亿美元的价格出售给投资者。存储是一个增长中的市场，自我存储最大的增长不是商业，如果说有什么不同的话，那就是缩小规模，在个人存储仓中提供笔记本电脑和云存储功能。人们可以储存什么东西呢?比如杂物、多出的物品、无关紧要的工具。当他们需要放手的时候，他们会紧紧抓住一些东西。作家詹姆斯·沃曼写了一本简单明了的书《杂物窒息》，讲述了我们如何以牺牲记忆和经验为代价消耗越来越多的东西，他是对的。更多的东西是一种复杂的形式。俗话说“眼不见心不烦”，其实这是真的。你能准确地说出阁楼里、床下面、储藏室里有什么吗?试着把东西整理好，订一间储藏室，至少这可以限制视线和空间的过度负荷。当然这只是一方面，如果你想要清晰的思想、目标、决定、注意力以及新的习惯，这些远远不够，大脑化学活动再次证明了这一点。

在我们的大脑中，额头后面有一个叫作背外侧前额叶皮质的区域，它控制着人类的决策和情绪。决策应用研究中心所做的研究表明，它就像一个断路器：过多的刺激和要求会使它工作超负荷，这时大脑就停止工作，外在表现就是我们人就呆在那里了，这是大脑对复杂性的一个简单的反应。想想这在时间中意味着什么?因为我们的脑袋里塞满了错误的东西，导致很多重要的事情被我们忽视。我们很多人担心阿尔茨海默病、痴呆以及记忆力丧失是因为生物和化学的因素造成，但实际上压力、焦虑和超负荷也同样会导致类似的病症发生，它们被精神病学家称为“假性痴呆”。好消息是，去除杂乱实际上可以释放大脑空间，并且可以扭转一些症状。

作家德里克·德雷珀也对组织、行为以及应付现代复杂性问题感兴趣。他是一位非常成功的商业心理学家和咨询师，他的著作《创造空间》是一部很好的著作。他的妻子是国家电视节目主持人和播音员凯特·加洛威，他们一起住在伦敦。我在一个星期三去他们宽敞的家里和他交谈。星期三是德里克一周中最重要的一天，因为这一天他会远离杂乱无章的通勤和会议，把时间用来思考和写作。这非常明智！德里克给我看了一间连床都放不下的小房间，里面放着一把矮椅子、一张贴在倾斜屋顶墙面的海报。他告诉我，这个房间对他来说非常重要，有两个原因。

德里克对我说："首先，我会把思考和行动分开，所以这里不是堆满文件和电脑的办公室。其次，我的妻子对混乱、杂乱和衣物都很随意，所以这是她禁止进入的地方。"

## 你的内务管家

我花了好几年的时间才意识到，大卫·艾伦有一条特别的建议几乎每天都在我的脑海中回响。他是这样说的：

大多数人在假期前一周对自己的工作感觉最好，但这并不是因为假期本身。想一下，你在开始长途旅行之前的最后一周会做些什么？清理房间、暂停工作、梳理清楚行程、和其他人协商所有事项。在这一点上，我建议你每周都这样做一次，而不是每年只做一次。

当然，保持清晰思维是持续性的，而不仅仅是为了度假。如果我真的遵守了这条规则，我肯定会取得更多的成就，而不会感到沮丧。我会感觉更轻松，更有目标感，毕竟这是简单的常识。

大卫·艾伦还提倡另一个观点，那就是你需要为每件事寻找一个着落，这样你就总能找到它。这条建议既简单又有效，我不建议你在抽屉、文件和文件夹上花费太多精力，也不建议你把家电文件、合同和医疗信息等到处乱扔。因为，这些杂乱的、分散你精力的东西反而会造成混乱。当你不知道从哪里开始的时候，在紧急情况下找东西不仅会让你感到恐惧，而且它还象征着更深层次的意义：如果你连保持房子的整洁都做不到，那么你的生活是不是也是如此混乱呢?

当我在工作的时候，如果我只是任由电子邮件的内容摆布、任由别人安排的时间表摆布或者如果我在一天的时间里有太多太多事情要做，那我一点也不会感到轻松。更重要的是，我的工作效率会很低，脑子里总是塞满了各种事情，从一个任务跳到另一个任务。我心烦意乱，疲惫不堪，虽然喝完咖啡会变得兴奋一点，但如果我缺乏侵袭性、专注性和目标，内心没有一个“家”的秩序，那就还是会陷入混乱。

在生活中，当我看到旅馆的管家和清洁工在干活的时候，心里会特别佩服他们。酒店业务的利润其实不算丰厚，但客房管理实实在在需要时间。一家好的连锁酒店在整理上可以将其衍生为一门艺术，他们非常明确地知道将床垫塞进床罩得花多少时间、清理出一块特定的玉石又需要多久。如果你刻意地去观察酒店管家的工作，你会注意到，他基本一次只做一件事，然后都是按照特定的顺序来完成，这也是单任务模式。六边形行动并不是同时做六件事，哪怕你是在按照一种模式和顺序工作。我希望我们能把整理家务的逻辑运用到我们的工作中去。我们也应该注意一下斯坦福大学的一项研究，多任务处理简直就是一个神话。这表明，当我们试图同时做一件以上的事情时，它会对我们的记忆产生直接的负面影响。

当你采用简单的原则，你自己的头脑就清醒了。当你保持清醒的头脑和周围环境的整洁时，无论是字面上还是比喻上，因为你也有一个系统，所以每件事都会变得规整。即使是最艰难的环境，你也会感觉更好。

## 六张巩固清单

**清晰**

1.防止决策疲劳，把你的决定记下来，用六边形行动来做出真正的决定。

2.留心注意力！你滚动得越多，你失去的23分15秒的注意力就越少。避免无限滚动。

3.设置一个“技术安息日”。固定一个时间，一段物理时间而不是数码时间，使这一天，哪怕是这一天的某一段时间，作为你的“技术安息日”。尽管你养成一个新的习惯时废弃了另一个习惯，但还是应该观察你所有的习惯，并欣然接受它们。

4. 生产力之谜。你有效率吗？如果没有，为什么没有呢？目标是关键吗？

5.只是说“不”。选择你要说的，不要害怕说“不”。边界是件好事情！

6. 建立井然有序的思维模式。规整环境，即使这意味着需要你重新整理那些乱七八糟的事情，但你要清楚的是，当你需要某个东西的时候你能立刻找到它。

*第五章*

# 第二面：个性

## 人类应该优先于机器

简约是所有真正优雅的基调。

——可可香奈儿

个性是不同于其他人的最突出的特征，每个人的个性特征都是独具一格的，魅力领袖具有自己的个性，甚至这样的个性还可以使一些普通建筑成为地标性的建筑。那些经受过时间考验的公司，是因为它们适应新环境和时代，有着与竞争对手截然不同的一面。你看，我们至今仍然不知道可口可乐的确切配方，对吗？对于个性，有一个简单的说法：脱颖而出。个性也有永恒的品质，香奈儿的时装自1909年以来一直流传至今，它优雅、时尚、简约。成为一家拥有100多年历史的私营企业是了不起的，在时尚界生存这么久真的是太棒了。而简单性原则，就像是一根线穿过了个性。

如果你认为人必须努力追求个性，其实是错误的。如果要我说出什么不一样的话，那就是人们在追求个性的道路上走得太辛苦，使事情变得复杂。我认为你需要关注和培养它，但只需要付出很少的精力和一点神秘感。我们这个时代的一些伟大人物，也许为成功付出了我们难以想象的努力，但他们的个性是与生俱来的。闻名世界的摇滚歌王大卫·鲍伊是为了追求与众不同才努力奋斗，还是他性格本身就很突出呢？日本小说家村上春树呢？他的作品被翻译成50多种语言，在世界各地销售额达到了数百万美元。没有人能像他那样写作，他的表达是如此清晰，即便在译著中也是如此。我非常喜爱他精练的散文和古怪的性格，那么，他的性格难道不是天生的吗？奥运会女冠军德拉图·图鲁呢？这位长跑运动员在1992年巴塞罗那奥运会上成为首位获得奥运金牌的非洲妇女。她有天赋、干劲和独特的能力。在埃塞俄比亚农村的父系氏族社会中，一个年轻的女孩是靠什么在没有训练和金钱的情况下超越男性同行，成为一个国家甚至国际的明星呢？

明星的天赋，无论是哪方面，都不可能由人工智能创造出来。即便在本章后面，你会看到一些关于人类与机器一起工作可以简单而有力地解决一些问题的内容，但我们的个性也会本能地使我们免于遭受机器人崛起的威胁。我们越是做一个多运用自己个性、少依赖电脑、简单的人，就会越好。即使同超级明星相比，我们天赋平平，但也没关系，这并不会让我们缺乏个性。然而当我们脱离这个事实时，我们会一而再、再而三地陷入复杂的境地，比如，错误的工作、错误的关系、错误的情况。相信我们的个性，并以此为一切的基础，我们才会简单而又强大。

在这一章中，“六边形”可以帮助你认识到真正的自己。把这六个想法想象成轮子上的辐条，你可以随意转动和停止，它们可以放在一起，也可以分开：

1. 身份：知道“你是谁”是非常有效的。
2. 数字自我：为了社会健康而上线和离线。
3. 神经多样性：认识我们所有人的天赋。
4. 创造力：让个性蓬勃发展的方法。
5. 诚实正直：如何保持诚实和正直。
6. 位置：定位，定位，定位是关键。

## 1. 身份

> 我不是鸟，也没有网诱捕我，我是一个有独立意志的自由人。
>
> ——夏洛特·勃朗特《简·爱》

### 人类的雪花

给你一个六边形：雪花。你不知道吧，从字面上说，我们的世界存在着无数种像这类柔和的、飘动的冰晶混合物，它们总是形成六边形的结构。

雪花到底是什么？为什么每一片都是独一无二的？根据美国国家海洋和大气管理局的报告分析，这是因为：它们从天空到地面的路径各有不同，沿途遇到的大气条件也各自相异。因此，它们看起来都很独特，从棱柱和针到熟悉的花边图案，既相似又各有特点。

人类就像雪花一样无穷无尽，事实上每个人又都走着不同的道路，一路上会遇到属于自己的“大气条件”。我不知道我是否会认同“棱镜人”这个说法，但我清楚一点，当我说起“易生气”或“脆弱”的时候，肯定是在描述一个人，而不是一片雪花。我们所谈论的“雪花一代”已经成为“千禧一代”和“Z一代”的简称，他们会因为一点小事就生气，但事实是，我们在某种程度上都是以“雪花一代”而不是以一种坏的方式生活，因为我们和真实的事物一样，都是个体和多样的。

我并不认为你可以消除复杂性，因为你的目标是简单的。没有什么是比个性和环境混合起来的情况更复杂的了。我们常常会因为自己和别人的各种古怪个性而不断躲避和掩藏自己，可是这件事本身就非常复杂。但是，随着我们对自己和所面临的选择有更多的了解后，我们的好多行为是可以简化的。

但回到个性本身来说，它可以非常荣耀。体育运动是一个很好的帮助我们了解自己的方式，即如何从一个多样性的群体中，成为那个独特的、简单的、突出的赢家。奥运会开幕式总有一些神奇的地方，比如，每支参赛队伍都会参加开幕式，他们都以“入场”的方式共同完成开幕式这件事，而他们的出场方式各不相同。他们都挂着国旗，他们都跳着自己的舞蹈。这对于电视摄像机和观众们来说，他们的重要性都是一致的，但是他们看起来都不一样，他们穿着不同、表现不同，让他们在赛场上脱颖而出的并不是他们的相似性，而是他们的不同之处。我最喜欢的奥运项目是体操，因为即使每个体操运动员都是一个团队的一部分，但你还是可以把他们看作是一个个体。21世纪最伟大的体操运动员应该是美国的西蒙妮·比尔斯，她以她的独创性和天赋超越了每一项记录，甚至每一种运动。看着西蒙妮·比尔斯的体操动作，你就像是在看着一个漂浮的物体，而不是一个人。当然，她在很多方面和我们一样，只是拥有超人的天赋和磨炼技能的决心。西蒙妮·比尔斯的身份是单一的、突出的，但也可以说是集体的。我们知道她是一个受人尊敬的人，但她也是我们中的一员——一个女人，一个美国人，一个非洲裔美国人。

## 混合的自我

当我们对个性和身份了解越多，就越会意识到，一直以来，个性和身份其实并不是某个固定的特质，更多的是不同模式之间的混合，就像雪花一样。著名心理学教授布莱恩·利特尔发现，我们都拥有“自由特质”，比如，即便你是一个内向的人，如果你有正确的动机，实际上你也可以选择让自己做一些外向的事情。

每个人的个性都处于变化中且不固定。过去，因为我们倾向于待在一个地方、生活在一个社区里，所以我们生活中的很多角色都是静态和固定的。但如今，无论是工作还是生活，我们比以往任何时候都忙碌。现在，我们可以期望自己活到100岁，换工作的次数至少是六边形的边数。随着我们角色的改变，工作场所的观念也发生了改变，作为一个工作和生活分开的人，身份也发生了转变。我把这种身份称为“混合的自我”。

我在《完全相连》这本书中第一次创造了这个短语，为的是确定一个人的生活不再是严格意义上的个人生活（如“全职妈妈”）或是职业人士（如“上班族”），我们的生活其实变得越来越融洽。我们会在退休后做其他兼职，也会改变办公地点，比如原本在某个国家的某间办公室，然后几乎带着所有的工作搬到了另一个地方。我们的生活不再固定，我们生活的地方也不再固定。生活不再具有单一任务的简单性，而是多任务的复杂性。但是，我们依然可以将简单性原则运用到生活中，让我们在个人混合自我的基础上保持正轨。

请认识到这一点，就是你的“混合自我”并不一定是非常复杂的，它可以被看作是一系列简单身份的重叠。20世纪80年代初，有一部精彩的电影叫《地方英雄》，讲述的是一位美国石油公司高管被派往苏格兰一个偏僻的村庄，试图买下周围的土地，结果他却爱上了那里。这是一个隐喻我们在生活中的角色以及它们是如何从固定走向变动的故事，比如这个在职场上炙手可热的高管经历了一切后意识到自己的工作及人生重点的偏移。但它也揭示了个人在紧密联系的小社区中必须扮演多重角色的道理。电影中有一个精彩的场景，美国人在酒吧里发现，吧台后面给自己服务的酒保正是先前办公室里和他谈判过的会计师。惊讶的美国人耸了耸肩，还是继续喝了起来。

《地方英雄》就是一部向简单和简单时代致敬的电影。

## 2. 数字自我

### 身份盗窃

尽管每一个时代都比前面的时代复杂得多，但在互联网时代之前，还是存在一个所谓的简单时代。并不是说我们不愿意失去那个时代，但说实话，互联网时代的到来将一切事情从一个糟糕的时代卷进一个无限的漩涡。如今在我们的日常生活中，我们所面对的最复杂的事务之一就是在现实情况和网络上要做的事情之间来回穿梭。对每个人来说，每天都要打开电子设备很多次，这种现象已经正常到我们都完全不会去思考它的合理性。“数字自我”几乎就是个新物种，需要研究才能更好地理解它。“这个人是谁？”事实上，这是一个复数含义。地球上有超过一半的人在使用社交媒体。一般社交媒体用户也不只有一个登录的“入口”，而是有好几个。

更重要的是，之前简单的互联网时代，也就不到一代人之前，那时的人们也许只有脸书。我还记得第一次使用脸书时的感觉，那是非常简单的，那时它还没有新闻、没有群组，没有“喜欢”按钮，只有帖子和查找邀请他们成为朋友的人。但几乎就是一瞬间，事情就变得复杂起来。在你还没有意识到这个问题的时候，大数据已经大行其道，算法无穷无尽，偏差也越来越大。甚至把你的朋友们进行分组的事情都变得复杂起来。脸书年会的时候，我碰巧在加州参加他们的一个会议，那个时候我就意识到，普通人的社交媒体账户数量每两年翻一番，现在已经超越了六边形，处于“7”的认知极限。每个人有七个不同的社交媒体账户，这一点也不简单。

接下来就是时间了。我们每天查看智能手机高达80次，这其中包括翻阅电子邮件或查找文档、群聊、网购、玩手机游戏……研究表明，当前世界范围内，人们一天的时间有超过三分之一是在互联网上度过。

不管我们用数码手段做什么，它都涉及某种形式的身份。事实上，全球商业欺诈的头号原因就是身份盗用，但这不仅仅是犯罪分子在玩弄我们网上的角色，而是我们为了在网上成为另一个人而剥夺了自己的真实身份。这很容易削弱你的认同感，剥夺你最重要的个性。在你的脑海里，很容易通过你的设备、网络、社交媒体账号、群聊名称、关注的人、帖子以及你的喜欢、分享和评论，把你的身份、你的价值观和别人对你的看法融合在一起。

### 决策枯竭

我之前写过关于网络焦虑的文章。因为网络焦虑产生的压力不仅仅保持着它过去的外表，它还会带给人们一种快乐和成功的印象，尽管它显然会产生重大的负面影响，尤其是对脆弱的青少年而言。自社交媒体出现以来，年轻女性的自杀率显著上升。大量研究也表明，那些易患抑郁症的人大多数都通过过度使用社交媒体来强化而不是修复其消极的自我形象。

还记得“决定疲劳”和巴拉克·奥巴马的决定吗？他决定把自己的衣服固定在某些分组中，以消除压力和节约时间。社交媒体将这个问题推向了一个全新的高度。这更像是决策枯竭——哪个频道？什么评论？跟谁说？如何回应？发布什么？

我不是那种相信社交媒体会腐蚀我们或让我们自杀的末日论者——这种情况的形成是很多复杂的因素造就的，试图简单化本身就有被简单化的风险。但这并不意味着在网上做你自己和在线下做你自己是一样的。这就像说酒精和毒品对一个人的影响是一样的。经验会夸大或改变人的性格，研究人员在社交媒体红迪网（Reddit）[①]上进行了一项名为“恢复正义”（restorative justice）的新实验，研究了社交媒体上的“喷子”——让犯罪者直接与受害者联系。在一个案例中，有个人的反应是这样的：“该死的，这不是我记得的情境，”他在看了过去的欺凌帖子后写道，“我认为其他人是煽动者，但是看起来似乎我是煽动者。”

---

① 红迪网（Reddit）是个社交新闻站点，口号为：提前于新闻发声，来自互联网的声音。用户（也叫redditors）能够浏览并且可以提交互联网上内容的链接或发布自己的原创或有关用户提交文本的帖子。——译者注

## 开　关

很显然的是，一定要有一种方法来帮助我们辨别“数字自我”并不是“完整的自我”，而答案之一就是当我们想要交流的时候，限制自己对网络媒体的使用。简单来说，这意味着我们要做到有目的地离线。我认为，让你的电脑进入睡眠状态和让你自己进入睡眠状态没什么不同，有时你必须关机。我们已经如此沉迷于科技，以至于认为这种上瘾是正常的。

连接到电子设备的问题是我们不仅仅为了单一的目的而上线。有趣的是，从某些方面来说，电子邮件是最适合沟通的工具，尽管它也会获得很多无用的消息。给坐在旁边的人发邮件是可笑的，但这却是如今非常正常的事，即便我们这样做，也只不过是发出了过多的邮件。但这显然存在一个问题——真正的罪魁祸首是你的隔壁而不是通信平台本身。另外，如果有人还在用“全部回复”，请你拒收他们的信息，直到他们愿意自己解决问题，因为这会把其他人的收件箱搞得乱七八糟，绝对不符合简单的原则。

问题在于当你交流时你有多真实，你是否把自己带到交易场所，当风险在于电子身份是一个障碍时，一个完全阻止真正的联系的分离正在形成。如果发生这种情况，你知道它不会使结果变得简单或直接，而是令人困惑。事实上，如果你每天多站起身六次，走过去和别人说你想要什么，或者拿起电话打给他们，你会发现你因此而减少了六次困惑或“误会”。试试看，这是有道理的。

## 3. 神经多样性

### S代表敏感

为了确定人类的性格，心理学家们将五种不同的人格类型进行了一次著名的被称为“OCEAN”的分类：开放（Openness）、自觉（Conscientiousness）、外向（Extroversion）、随和（Agreeableness）、神经质（Neuroticism）。为了让六边形法则起作用，我还要加上第六种：雪花。让它代表个性和所有人格的其他方面的融合，也代表神经的多样性以及描述“神经逻辑”和“多样性”新的方式。但首先，我要从雪花的一个明显的方面开始阐述，这是基于“雪花一代”出了名的特质：敏感性。

“敏感”是与你的感受相连的，这绝对没有错。通常情况下，抑郁和压力增加的一个迹象是一种失去敏感性和联系性的感觉。“尽量不敏感，因为太痛苦了。”这是一种误导性的自我保护。支持敏感性正是“雪花一代”被认为所代表的特质。他们对任何事情都感到生气，常被老一辈人称之“为生活的事情所触发”。但我所说的“敏感”是另外一种含义，是你可以了解当下的情况，意识到自己当下的处境，知道这一处境如何影响你的核心人格。它不是基于政治或对世界的信仰，而是基于“在这种情况下”这件简单的事情。

对于内心的敏感，“内心的雪花”是一种基本的生存技巧，它取决于一种简单的感情联系。我曾经从一些治疗中受益匪浅，当时我对一切都很敏感，甚至以为自己会消失。伴随着“辅助自助”（我喜欢这样的称呼），我了解到，拥有感觉并不等于被它们无限期地、无可挽回地消耗掉。然后我明白了，是“感情”会像雪花一样融化，而不是人。我变得更加敏感而并不是迟钝了，我逐渐发现敏感能让我平静下来，让我脚踏实地。我已经40多岁，觉得我发现这一点其实有点晚了，因为我花了好几年时间才突然醒悟，敏感可以让我感到简单，我的生活也就变得不那么复杂了。

这些年来，如果我开始感到自己感情脆弱、过于敏感，要做的第一件事，就是试着去理解这种感觉是什么。我已经逐渐认识到，我“内心的雪花”是一个非常健康的早期预警系统：有些事情不对劲，我需要找出来，以便采取行动和做出反应。通常，不快乐和压力其实是嘈杂、混乱、无限和不精确、不适感的混合体，所以“感觉”本身是很复杂的。然而，当我停下正在做的事情，停止坐立不安和分心，沉浸在当下的情境中，事情就开始变得简单了。

当我专注于询问自己到底出了什么问题时，我能找出不止一两件事，很少有人能做到这一点。换言之，即使在我感到事情很复杂很艰难，也可以将简单性原则应用到它们身上。我可以拆开包装，然后数一数，我可以认出它们，同时重新连接我自己的身份。我是谁？我的感受怎样？

现在让我们来谈谈神经多样性。正如幼年靠自己战胜自闭症的动物学家坦普尔·葛兰汀和作家理查德·帕内克所说：如果孤独症基因从基因库中消失，会发生什么？你会看到一群人站在山洞里，聊天和社交，却什么也做不成。

## 群体思维

一刀切的通用性，对某些事情来说是有好处的，比如随身行李的限额、装果汁的纸箱、处方药，但对人来说就未必了。我觉得我们创造了一个“规范”高于一切的社会，这是很遗憾的事。好在我们现在可以谈论“神经多样性”并开始认识到真正个性的萌芽是一件多么必要的事。但这需要很多时间，有非常多的体系和结构仍然是固定不变的，它们倾向于狭隘地定义个体和单一含义，而不是宽泛地去下定义。

有一个非常简单的事实是，当一个人的技能不同于常人时，他可以成为一个项目或一个团队成败的补充。如果我们能将小六边形行动应用到个性的概念上，那么像这样“独特雪花”的人，正是你的团队所需要的，即便你必须打破一个旧的思维和行为模式，也要去实现它。

在社会心理学和行为科学中，“群体思维”是一群人之间以牺牲个性和通识为代价的非理性决策。换句话说，每个人都应该遵守这个规范，而任何不遵守的人都会被认为是不正常的，而且在某种程度上甚至低人一等。“群体思维”是过分简单化，而不是简单。我的意思是，假设真的有这样一个被视为正常的群体，他们应该行动一致，而不是简单地说“人是不同的”。

必须要强调一点的是，过分简单化并不是我们所认同的，这一点非常重要，我们所追求的“简单性原则”尊重复杂的情况，并提出个别解决办法，这是两者之间一个非常重要的区别。

这个问题我们即将在“网络”这部分开始讨论。这里强调一点，所有的集体活动都是从具有不同社会素质和技能的个人集合而成并开始实施。当我们作为一个群体进行集体的行动时，会有非常精彩的事情发生，像蜜蜂这样的群居昆虫也是如此，当然人类更是如此。换言之，神经多样性的人只是与众不同的特殊个体。

## 首席幸福官

在英国有一个很有名的非营利组织，叫“多梅尼卡团队”，由一位天生患有唐氏综合征但非常有魅力的女孩的母亲建立。现年20多岁的多梅尼卡·劳森是电视厨师奈杰拉·劳森的侄女，也是戴安娜王妃的最后一个教子。但是，多梅尼卡的生活并不轻松，更不算幸福，即便家族的亲戚富裕且有名或者认识皇室成员，唐氏综合征患者的情况也并不会得到改善。多梅尼卡的母亲罗莎为了帮助女儿成为一个独立的成年人，一直不知疲倦地在争取更多的机会。她很早就意识到，自己必须为女儿做些什么，另外她还意识到一点，独立的关键当然是就业，不仅是为了收入，更是为了自尊。罗莎说，多梅尼卡团队的任务是“帮助学习障碍人士发现他们的职业潜力，创造就业机会，消除当地社区工作的障碍”。多梅尼卡24岁时，自豪地展示了她在布莱顿公馆咖啡馆工作的第一张薪水支票。她在接受英国《太阳报》采访时说：“感觉真的很棒，我觉得有钱很重要。”

认识到差异，并不意味着差异就可以减少或差异不是问题。职场以及整个社会对这一点的理解很缓慢。约翰·克罗宁是一位患有唐氏综合征的美国男孩，他的父亲非常确信约翰可以在商业领域中有所建树，于是他们一起创立了“约翰的疯狂袜子”公司，专门利用约翰的沟通天赋、对细节的关注和他的乐趣感而设计和销售袜子。约翰是这家公司的“首席幸福官”，如今公司每年的营业额超过500万美元，约翰也因此成为首位获得“安永年度最佳企业家奖”这一商业领域重要奖项的唐氏综合征患者。

还有另一个为神经多样性而冒险的企业家的故事。风险资本家布莱恩·雅各布斯在金融界工作了30年之后，创办了新的公司——一家专门投资自闭症员工的企业，他用自己的钱投资了1000万美元，用以支持那些在完成重复性任务时依然能持续集中精力和毅力的员工。

通过生活中无限的、令人不安的复杂性的方法，就是开辟出个人的、简单的、直截了当的道路。你只能在个性化的基础上开始，没有两个人是一样的，也没有两个组织是一样的。我们越是真正看到个性化这种“雪花式”的方式，就越有机会把事情做好。与其把差异性看作是一个问题，不如让我们看看它是如何为我们工作的。

如何表达个性和身份是人类进化中神奇的一部分，这可以使我们远离机器。这种个性的绝对中心就是我们的创造力。

## 4. 创造力

> 创造力不仅仅是艺术家所拥有的。同样属于寻求新的销售方式的商人、试图解决问题的工程师……创意是一种习惯，而最好的创造力是良好工作习惯的结果。
>
> ——特怀拉·萨普

### 创意果汁

当你做一些有创意的事情时，你会与外界产生一种深层连接。在音乐、诗歌、舞蹈以及一些明显富于创意的行业，这种连接就是你想要的价值。埃尔顿·约翰和伯尼·陶平是现代流行音乐中的两位传奇歌手兼创作人，在他们的30张专辑中，每一首歌都直接击中歌迷内心深处，让他们从灵魂深处觉得自己被看到、被理解。当我听到一首能激起我内心深处涟漪的音乐时我会猜测，它是一首流行歌曲还是贝多芬的钢琴奏鸣曲？这没那么复杂，我非常清楚，生活中最大的乐趣之一，就是知道什么能让你产生创造力。如果你没有那么幸运，你就必须通过挖掘个性并与之连接的方式来发现，什么可以让你拥有创造力。

当我本能地理解了音乐和文字对我有多大的影响时，又花了很多年才知道我究竟倾向于什么样的视觉创意。我从小就喜欢合唱、流行音乐、音乐剧和小说，但我总是觉得自己与欣赏艺术有所脱节。十几岁的时候，我领略了比利时超现实主义画家马格里特的作品，那种朴素的风格让我突然明白了，我很喜欢他完美地画出那些不可能的东西，比如，像鹰的山、戴着圆顶礼帽飘在空中的人们……那些色彩和风景深深地触动了我。所以说，人与艺术之间的连接非常简单，但同时又非常复杂，我几乎无法用语言表达，这就是创造力。

当然，能触动我的创造力，并不意味着也能触动你，这就是你的个性所在。属于同一种人的美妙之处在于，当你们都被某个特殊的东西团结在一起时，它能将整个群体联系起来。那创造力是什么呢？它既有个性又是简单的。

唐·布莱索是一家剧本编写咨询公司“剧本护士”的创始人，他的工作就是在电影制作的残酷世界里帮助编剧披荆斩棘。他在自己的博客里列出了六条“大大改进你的剧本的小技巧”，对于我这个“六边形猎手”来说，看到这样的内容让我很高兴。他把每个技巧都细化到行动和对话，然后接上一些关于如何通过努力使事情变得精简的段落。换言之，如果想要有创造力，你就要保持简单。但我觉得这是另一回事，为了简单而不杂乱，其实是需要你常常保持创造性。

我们来聊一个商业案例。亨利是一位英国企业家，他创立的饮料公司生产了一种新型美味的无酒精混合饮料。到20世纪20年代中期，这个市场的价值超过了20亿美元，亨利从中分到大部分的利润。他会这样做，是因为他出身于英国最古老的家族饮料企业之一。早在1728年，亨利的五代曾祖父克莱门特·夏瓦利尔就在萨福克的土地建了一个苹果园。这个果园发展成一个拥有数百万英镑财富的企业，生产著名的苹果汁、苹果酒和苹果醋。从那以后，我一直喝亨利做的东西，因为他是个烹饪和商业的天才。就像他所认识的厨师们一样，他们的烹饪创意已经被认可，亨利将这种手工制作的方法带到了竞争激烈的市场中。如果你问亨利他是否有创意，他会挠挠头，看上去有点困惑，然后说他没有。然而，他的企业中成功品牌和营销都强烈地依赖于创造力和简单性的和谐结合，比如客户必须快速、轻松地与品牌建立联系，才能保持住“黏性”。

## 创意专业人士

创造力与简单性结合在一起的还有哪里？在你遇到50岁的莱拉之前，你是不会想到患有糖尿病、脑瘤、视力障碍的她会坐在验光师的椅子上。30年前，莱拉接受过一段时间的视力障碍检测以及糖尿病、脑瘤等其他疾病的早期预警训练。而如今，莱拉总是穿着色彩鲜艳、质地有趣的衣服为患者服务。她告诉我：“我总是拒绝穿白大褂，因为那太没人情味，太正式了。除非你真的和患者交谈，否则你无法与他们建立联系。在诊断时，任何障碍都是一个糟糕的障碍。”

这本身就是一种创造性的方法。莱拉描述了她是如何工作的。医学有无数不同的专长，而莱拉的专长与低视力相关，基本上是需要用眼镜、隐形眼镜、药物或眼科手术组合的复杂方式为患者服务。莱拉的工作就是为患者的特定问题制定最简单的解决方案。关于诊断有非常固定的规则，这也是为了论文及实践。但有趣的是，莱拉在为病人确诊后该决定如何治疗时，她说：“单视症有一些基本的原理可以应用，没有太大的偏离，而且只有少数症状，所以从这个意义上讲，这很简单。但我必须对每个人进行单独评估，我想保持简单的解决方案，不仅是因为我需要让我的患者相对快速地拿到治疗方案离开这里，而且我相信，他们只想从你那里得到一个简单的解决方案。换句话说，如果我给一个忙碌的人一副隐形眼镜加上一副框架眼镜，这对他们来说会因为太麻烦而认为这并不是一个解决方法。另一方面，我不能用一个方案，因为有不同的选择，要针对每个人选择更灵活的方案。我必须倾听患者的意见，观察他们并做出判断，然后才能提供我认为对他们有用的方案。”

换言之，不管是否穿白大褂，这位健康专家为了保持简单，一直在发挥着她的创造力。

莱拉的个性以及她病人的个性，还有她的创造力，都为他们找到了一个简单的解决方案——最简单可行的个性化解决方案。顺便说一句，她的生意也是很不错的，如果莱拉无法来赴约，那就只有等她有时间了我们再约。

## 创意机器人

到目前为止，我一直关注人类的创造力。唐的“剧本护士”、亨利的非酒精饮料混合器、莱拉的低视力解决方案，这些例子都来自他们的身份、思想和个人类型。创新技术呢？我承认，我曾经是那种认为人类永远比机器优越的人。现在我明白自己想得太简单了。我能确认的是，人类与机器永远都是不同的，人类的个性和创造力永远不可能被人工智能完美地再现，它只会模拟或制造，相当于大规模生产和手工制造的东西。但这一现实并不意味着，某种特殊而独特的，可以使世界变得更美好的东西，不能从人和机器的混合体中创造出来。

关于这一点，有一个典型的例子，那是一款面向儿童的机器人（名叫AV1），来自一家名为“没有孤立”（No Isolation）的公司。这个机器人是挪威人发明的，它能让那些因为生病而无法上学的孩子们，既能参加学习，又能感受到与班级和同学之间的连接。当然，这个想法很简单，一个机器人代替生病而缺席的孩子坐在教室里、课桌旁，提供了一种“临场感”。它可以旋转并表现出非常明显的情感连结。凯伦·多尔瓦在20多岁的时候创立了“无隔离”计划。考虑到在一些国家，患有慢性病且无法接受教育的儿童人数会接近10%，人们可以进行隔离然而商业上显然没这个必要，因此产生了一个简单的解决方案——将每个孩子的个性放在一个可以不用隔离的矮小的机器人里面，我称其为创造性。

我特别喜欢AV1的一点是，它是一个针对个别孩子的解决方案，这个方案可以帮助那些孩子们留在群体中。从字面上来说，这是一个关于消灭社会孤立的解决方案。个性并不意味着疏远和孤立，如果我们花太多时间在社交媒体上，就会忘记一些事情，这会让个人的声音变得可怕。

我不能像创造性表现主义者特怀拉·萨普那样跳舞，我不会画画，也不是发明家。这是不是意味着我没有创造力？以前我是这么想的，但现在我允许自己另辟蹊径，通过了解像特怀拉·萨普这样的人，通过传授其他人关于生产力和简单性的知识，让我相信创造力确实存在于我们每个人的内心。更重要的是，当你真正寻找到它的时候，所有的障碍都会被清除，你可以正确地对待你一直想做的事情。

然而，如果能与另一种看似难以捉摸的品质——诚实正直完美地结合起来，那么所有的这些创意就能发挥出最佳的效果。

# 5. 诚实正直

## 谎言之网

一家来自芬兰的名为“快乐与否”的小公司，是世界上最成功的初创企业之一。如果你有过在机场排队安检的经历，那你肯定已经使用过他们的产品了。这是一个满意度调查机器，由四个简单的大按钮组成，从向上的绿色笑脸，到向下的红色的生气脸，简单又有创意。他们现在在世界各地拥有25000多个终端机，从机场扩展到各种场所。

对于“快乐与否”来说，收集乘客反馈的这种感念和大按钮设计的简单性是它们成功的基石。

但人们喜欢说实话这件事非常有成效，因此，那些想知道自己是否与客户相处融洽的商家正因为有了这款设备，得到了相当准确的信息。为什么？因为总的来说，人是诚实而正直的。

我们都知道的关于不诚实或者谎言的一个事情是——它很复杂。英语中，最早的关于谎言的短语可以追溯到中世纪，“一堆谎言”（a tissue of lies）。“tissue”这个词的字面意思是一种织物，它的编织方法复杂交错。到了近现代，也就是两个世纪前的1800年，《伦敦日报》发表了这样一种论述：政客们的聪明才智和狡猾常常被用来掩盖或曲解事实，而贪财枉法的作家也很容易被发现，他们随时准备编造谎言，为雇主服务。

简而言之，不诚实要比诚实复杂得多。诚实和正直（这里的意思是“诚实并有强烈的道德原则”）不是简单的口号，本身却很简单。因此我不只是建议你要正直，这样你才能成为一个高尚的人。如果你真是这样的人，你也会简单得多。

然而，在社会上，诚实正直并不会被列入经常受重视的那种素质。政治本身已经被所谓的“真实性”（truthiness）严重损害了——这是一个开始于21世纪中期的短语，当时互联网爆炸性地扩大了正确以及错误信息的传播规模和速度。今天，我们在电视网络和社交网络上没完没了地争论着什么才是真的，什么是“假新闻”，甚至“深度假新闻”。情况其实没有那么复杂，因为我们已经学会接受谎言，甚至出于娱乐目的而热衷于谎言，即使我们不完全确定自己是否明白“对错之间的区别”这样一件简单的事情。

这就是实现诚实正直的简单性原则。在你能做到的地方尽可能地坚持事实，比如开车时“走你想走的路”，但不管你做什么，都要一气呵成地到达目的地。相信你的直觉，相信事实，相信呈现在面前的事情，保持真实。使用诸如“镜子、信号、操纵”等策略，不要迎面撞到别人身上。复杂、撒谎会让你陷入崩溃，从而在一堆谎言中土崩瓦解。顺便说一句，我并不是建议你故意撒谎，但是当人们知道有什么不对劲的时候，很多人都会保持沉默，因为人们不想惹麻烦或者告诉自己不想让别人惹麻烦。所以我们常常害怕成为一个独立的个体，不敢直言不讳，而把自己拉进错综复杂的网中。

## 3C：喊出来，同情，妥协

故障保护可以让你保持诚实正直、保持在道路正确的一边通行以避开复杂的道路网络，我称之为3C（Calling it out，Compassion， Compromise），简而言之：

· **喊出来**（Calling it out）——

不管你在工作中的等级有多低，或者你是多么害羞、内向，当你发现有什么不对的时候，一定要说出来，虽然这不太可能做到，也可能会因此而受伤。人们在工作环境中大声地表达自己的不满往往特别困难，所以会尽量避免广而告之的行为，因为在一个有害的工作环境中，恐惧和不合作文化已经成为常态。但是，除非老板和经理们学会倾听不太好的消息，比如“很抱歉，我们不能这样做”，否则他们不会采取任何解决方案。大声说出来，就是要以真实为中心，保持真实地大声表达意见，然后事情也许就会变得简单很多。

· **同情**（Compassion）——

哦，天哪，我们不需要这个了吗？同情，将心比心，思考他们的观点不仅仅要具备道德和正直的素质，而且还要有一些其他的特质。当你富有同情心的时候，你的感觉会很好，会有很多伟大的事情在你的身上或身边发生。在这个充满愤怒的时代，当社交媒体和新闻都充斥着仇恨和争论，极端事件常常占据新闻头条，我们其实很容易就会意识到，每个人都应该得到一个拥抱和一些同情。但别问我“连环杀手怎么办”，我知道，不是每个人都值得你一试这种观念。但是，让我们关注一下自己和大多数人。虽然我们以不同的方式去感受、思考和实施各种行为，但研究表明，当我们带着同情心行动时，这对我们是有好处的。以布法罗大学的迈克尔·J. 保林历时五年的研究为例，该研究对846人进行了跟踪调查，得出的结论是，那些平时经常帮助他人的人，不仅拥有更高的幸福感，而且对压力有更大的抗击能力，甚至寿命更长。

· **妥协（Compromise）——**

是的，你可以。妥协往往是我们需要远离的东西，认为只有一个真理、一种方法，这种心态带来了不切实际、复杂性和头痛。妥协，是为了达成一致而做出的让步，一定会发生在家庭、恋人、友谊和工作环境中间，尤其是出现在我们自己身上。如果你是那种认为什么都必须全力以赴的人，那你对自己真的很苛刻，这意味着你对周围的人也会很苛刻且从不屈服。如果你能简化这样的状态，同意一件事或者两件甚至三件事，只要不要超过六件（否则会被归类为复杂并专注于此），达成这个简单的目标，剩下的事情就会容易多了。

有一个非常动人的例子：一个名叫切斯利·萨利·萨伦伯格的机长，在2009年1月的一次事故中，他凭一己之力，完美体现了所有三个C并拯救了飞机上的155条生命，他驾驶的飞机最终在纽约哈德逊河迫降，挽救了美国航空公司1549次航班。这出戏剧性事件从开始到结束只经过了六分钟。在他安全着陆后，航空公司的官员对他当时的决定进行了长达数月的官方调查，他们宁愿相信他们的数字飞行模拟与真实生活体验不同，也不相信当时唯一的解决办法就是迫降在哈德逊河。在这不寻常的六分钟里，机长从一个训练有素的只会遵循规则的飞行员变成了一个可以替代机器处理事务的人，他变得与众不同。他大声说，电脑一定是搞错了，他对自己和他人的生命表现出深切的同情，他没有惊慌失措，而是保持冷静。最终他成功了，他在水上降落，这是危险且并不理想的，却是他所能做的最好的选择，否则后果就是飞机撞上曼哈顿市中心的建筑物和人行道。他后来说："事实告诉我们该做什么、如何做，但正是我们的人性告诉我们，我们必须做些什么，为什么我们必须这样做。"

这个英雄的故事让我非常受触动，我也知道，在世界各地的办公室、学校、政府大楼和工厂里，诚信永远是活在这些地方之中的，如果能多了解它们就好了。在互联网某个论坛上有一个话题，它为任何站起来说"不"的人鼓掌，而不是"让我们就这样吧"。

关于个性的这一章已经接近尾声，我们只需要再讨论一个方面，那就是我们的自我——我们的混合自我、个体和群体的自我——如何定位我们自己呢？简单性原则如何适用于自己的定位呢？

## 6. 位置

### 定位，定位，定位

人们往往会认为，位置对于住宅及办公楼等房产来说很重要，每个人都知道什么是“黄金地段”。但这对于我们在生活中所处的位置来说意味着什么呢？作家朱利安·弗朗松在他华丽的《观察蜜蜂的心灵》一书中写道：“蜜蜂一天的工作只是一段旅程，有时非常遥远，但总是有利可图。”让我们一起回忆一下，蜂群实际上是一个群体，类似于一个生活着两万人的小镇。又正如弗朗松先生所说：“首先是居住者，依次是建筑师、泥瓦匠、拾荒者、装饰者、军需官、化学专家、温柔的护士，有时甚至是野蛮的战士。”

蜜蜂总是要回家的，或者是回到蜂巢，或者是建造一个家。无论是在生活的巢穴还是在外出的地域，蜜蜂的位置感都是非常强烈的。对于所有的集体统一，每一只蜜蜂又是一个独特的自我，但又融合在蜂巢的整体目标中。它们把时间、精力和身体投入每一个任务中，跟我们一样。我们的住所和工作地点之间的距离，这个转换过程中的简单性和安排都非常重要。

但是对于混合的自我，有些人越来越在生活中不同的角色之间来回穿梭，甚至也包括在不同的地点之间穿梭。地点，不仅仅是两个，我们把自己放在哪里是非常重要的。为什么呢？首先是时间。记住，那些顽固的时间是不会延长的，当你完成了睡眠和起床后，考虑到一些例如交税、上网或对孩子们大喊大叫被我称为“狗屎”的时间，然后又准备上床睡觉的时候，你一天中不可能延长超过15个小时。因此，我们如何利用时间是很重要的，我将在第九章“时间”那部分继续讨论这个问题。

但就位置来说，一个实际的地方非常重要，因为如果没有它，就没有办法发展装饰、个性化空间以及将我们的个性融入所处环境的各种技能。在20世纪80年代，办公空间的发展趋势是小隔间的“立方体农场”（cubefarms），有点像是在鸡笼里养小鸡。在那些格子间里，你可以通过办公桌上的摆设、照片、凌乱或整洁的桌面，清楚地了解每个员工的个性，因为整个空间都在表达一句话：“这就是我。”

如今，关于位置的个性化变得越来越复杂，越来越多的人成为自由职业者，他们有的在家里工作，有的出现在各种各样的办公室，例如共同工作场所、一张桌子或者是咖啡馆。

皮特是一位非常资深的全球企业高管，他维护着世界上最大的通信公司之一的声誉，每个月至少有一半的时间在空中穿梭。行李箱广告就是为他这类人设计的。他会对重量或容量的细微差别或者是新的轮子产生强烈的兴趣，任何不仅能缓解一直在路上的无聊感，还能激发他想要控制一种他从未控制过的局面的东西他都想买。

皮特常常在提前不到24小时的时间接到上飞机的通知。以前，我们俩经常找时间才能见面，有时我们在国外碰面。我记得有一次在孟买，我们俩一起喝着鸡尾酒度过了一个美妙的夜晚。还有一次是在纽约，但我们大部分时间都是在伦敦，在斯特兰德见面，我们最常聊的是如何平衡工作与生活，另一个常聊起的话题则是旅行和地点。

就像我们中的很多人一样，皮特说服自己，生活和工作的地方“就是这样”，我们无法控制。皮特是一个慷慨、热情、乐观的人，他觉得自己的工作和生活都很美好。他不在意旅行和地点，他只是接受。他不需要表现出正直，也不需要大声说出来，甚至不需要同情自己，因为他并不感到有冲突。只是有一个问题，就是他的身体。在令人筋疲力尽的制度下，他的身体在几年中就垮了。就像工蜂一样，它们需要做所有的重活，与雄蜂和蜂后相比，它们的生命非常短暂。雄蜂除了等待被挑选给蜂后受精外，什么也不用做，它们还会由多达六只工蜂喂养和洗澡。毫无疑问，皮特就是一只工蜂，为了蜂巢，或者说是为了公司，而不断地燃烧着自己的生命。

有一天，皮特出现了消化系统紊乱的症状，随后住院接受了急诊手术。突然间，他后续的行程成了不可能的事。当他恢复过来时，他发现他不再渴望坐飞机旅行，相反，他开始重新审视自己的个人生活需要什么，因为正如他告诉我的那样：“很简单，朱莉娅，我想活下去，看着我的孩子们长大。”皮特吃惊地发现，他对现状的乐观接受反而掩盖了现实。行程表很复杂，在无穷无尽的时区和不同地域的不同团队中工作，作为一家全球性公司的一员，在如此高的级别上工作的复杂性抛给了他一个古老的问题：倦怠。康复后，皮特发现他可以做一个简单的决定：继续工作，但只在英国境内，限制为短途行程。他没有认为这很复杂，而是使用了一个清晰模型，他决定了。他没有试图加入公司的群体思维，而是与自己的个性联系起来，创造了一个让非常看中他的老板和同事都会接受的工作环境。

这些天来，皮特和我仍然见面喝鸡尾酒。但是我们倾向于谈论世界的复杂状态，而不是我们生活的复杂状态。我们的生活同样忙碌，我们的孩子在成长，我们谈论孩子和配偶，但我们谈论得更多的是思想而不是家务。当我们汲取了花蜜后，满载而归，只是一次又一次的劳动不再像工蜂那样筋疲力尽。对皮特来说，场所已经成为一种精神状态。

## 六张巩固清单

**个性**

1. 成为雪花。重拾“雪花”的概念，不要把敏感性、神经多样性看作是一个消极的、有政治动机的概念，而是看作一个基于现实、同情和包容差异的概念。

2. 做真正有创造力的自己。记住，你在网上的身份并不完全是同一个人，真正的你才是你最需要保持联系的人。即使在日常生活中，也要保持你的创造力。

3. 警惕群体思维。我们都想有归属感，但是盲目地追随别人的所作所为，会导致一种封闭而非开放的心态。要知道，你可以和其他人持有不同的观点。

4. 做首席幸福官。问问你自己，是否能成为一个能激励和捍卫幸福的人，因为你自己就是幸福的化身。用创造力引导幸福。

5. 要诚实正直。我们常常害怕独立自主，不敢把头抬过栏杆。结果呢？我们陷入了一张错综复杂的网络。记住3C：大声说出来（Calling it out）、同情（Compassion）、妥协（Compromise）。这其实是务实和以真实为中心，“让我们这样做吧”。

6. 知道你的位置。蜜蜂总是回家或建一个新家。蜜蜂的位置感，在它们生活和外出的地方，都是非常强烈的。我们的住所和工作地点，以及这两者之间的距离，行程的简单性和安排的合理性非常重要。

# 第六章

## 第三面：重置

## 常在心头的人需要休息

> 我低头看着我的手机，想知道这不是它自己的感官剥夺室。这个小小的、发光的度量世界无法与这个世界相比，它在微风、光和影以及现实中难以描述的细节中向我诉说。
>
> ——珍妮·奥德尔

你知道星期六的名字是因为土星这个距离太阳第六颗行星而来吗？巧的是，土星有它自己的六边形。1981年，人类首次发现在土星北极环绕着一片六边形云层。土星在罗马时代也被奉为神灵。这就是让我想要探讨的事实。在大多数的西方国家，周六通常是一周中的第六天，周末的第一天。这意味着，我们一周的六天都在工作。即便有一个周六不去工作，但也以其他方式被安排。在互联网时代，随时在线更让你看起来和感觉起来都不是很好。人们不停地查看智能手机，每天要查看80次，接收网上各种碎片化信息、在社交媒体上分享对老板有用的心灵鸡汤、坐出租车看电视还有因为常常过于焦虑、紧张和超负荷而不知如何休息被人兜售下载帮助睡觉的应用程序。我们与设备不同，设备至少有一个关闭开关，但是我们可以吗？

在电子学术语言中，重置意味着“归零”。把“重置”的概念转移到头脑中这样一个想法时不时地在我脑海中回荡，毕竟，正是因为我们对电子产品的过度依赖，所以我们首先需要重置。“重置”（reset）与“休息”（rest）不太一样，它比休息更重要。它也不仅与睡眠有关，睡眠和正念已经成为幸福理念的典范。

当然，我看到了睡眠和正念的价值。尤其是睡眠，如果我们被剥夺了会发生什么呢？没什么好处，就像我们知道充足的睡眠会有什么好处一样。但是，我不想在这里详细讨论它们，也不想在这两个主题上增加已经丰富的文献，而是想在这一节中带你们去体验一下重置的意义和感觉。

这一章主要专注于土星星期六的一些思考，需要有一天或至少有一个固定的时间，在这一天，你建立一个关机的习惯，不行动，也不去做什么。当我们的文化价值观没有停止，也没有放缓，而是一直往前，并远远超过零的时候，重置比我们想象的要困难。在当今社会，一切都是建立起来的，比如，建立你的追随者，获得更多的财产，用一份永无止境的待办事项清单来展示你有多忙，显然这很重要。重新开始的想法在某种程度上被认为是一种威胁，而不会令人耳目一新。

我们看看能不能换个新的视角。下面是重置的六个方面，尽管它们就像公理的几个方面一样，只是组成部分：

1. 释放：关闭开关，停止一直在线。

2. 无意识：让空间发生而不失去。

3. 好奇心：成为自己生活中的游客。

4. 自然：内外兼备。

5. 呼吸：从呼吸到短暂的休息。

6. 乐趣：分心有助于社交健康。

## 1. 释放

“我不是瘾君子什么的，”我辩解道，“我要休假。今年是我休息和放松的一年。”

——奥戴莎·莫思斐

停止世界，让我走。

乡村音乐传奇人物梅尔·哈格德在他的歌曲《停止世界，让我走》中唱道：“我厌倦了周而复始。”当然，他写的是爱情，但我觉得被束缚在不断的联系中是多么的疲惫和痛苦。电子化和互联的生活就像爱情。不管我们喜不喜欢，我们都需要它，而且无可救药地被它束缚着。算法的设计方式就是为了激发我们的社交自我价值感并渴望更多的计算机连接。如今，真的没有不使用互联网这种事了。从纯粹的实用角度来说，不需要某种联系是非常非常困难的，这也是为什么戒掉数码瘾是一次性且罕见的事情，因为现在没有人在这个时代可以摈弃数字化。我们全都在电子数码这个大舞池中，无法控制自己的脚步，因为我们脚下的地面在不断旋转。当然，我们可以关掉手机的通知，长久的通知提示音确实应该停止，或者使用一些入侵的方式来限制和遏制诱惑，但这样会让我们时刻保持警惕，然而这本身就让人感到无可奈何。

此外，这是一个所谓的“喧嚣文化”大行其道的时代，自由职业者越来越多，临时的经济工作劳动力正在增加。据《福布斯》报道，到2027年，美国有一半的公司员工将成为自由职业者。即使在一段时间内保持一份稳定的工作，你也会面临不断的培训和再培训。世界经济论坛的数据显示，有四分之一的员工没有掌握自动化时代所需的正确技能。

在这种日常的复杂性下，难怪人们都渴望释放，但他们似乎又沉迷于一些错误的事情，比如酒精或毒品。而这一切其实都等同于一件事：停止世界，让我走。我最近读过的最令人心酸的小说之一是奥特萨·莫斯菲格的《我的休息与放松年》，这本书非常鲜明地描绘了绝望、动荡以及由毒品推动所形成的一种逃避现实的欲望。当然，这是虚构的。这部小说在文学上的成功证明了它是如何与我们这个时代相呼应的。我们真的已经奄奄一息，迫切需要释放。

难怪，我们越是接受复杂性就越是远离简单的解决方案和简单本身，事情也就越糟糕。类似遗忘这种错误的释放方式已经变得非常正常，在我们讨论如何实现真正释放之前，我们都应该问自己一个问题：我们在寻求什么样的释放，尤其是什么让你觉得生活太复杂，太难以承受，太难解决。请记住，六边形行动是一条通向简单的道路，它可以帮助你以一种积极的方式设计一些像“释放”一样重要的东西。

怎么做呢？接纳！

## 接　纳

如果你询问任何一个具有某种上瘾个性的人，我想他们会说，内心的批评是他们听到的最响亮的声音。很多人都会沉迷于取得比以往更多、更快、更远的成就，所以有很多人在某种程度上经历着高度焦虑。不要忘了我们的宿敌——压力，它不仅存在于家里，也同样存在于领导核心中。因此，只有当你接受你想要的和你需要的时候，你给自己甚至周围的人这样的许可时，任何形式的释放才会到来，这是有道理的。英国作家约翰·哈里做了比大多数人都更多的事情来揭示抑郁症的问题，并挑战了对药物的使用。当他写到成瘾的反面不是清醒时，他用了一个非常简单但特别好的词——连接。当我们接纳自己不快乐、不满足或者深深的痛苦时，我们就接纳了自己的某些方面。我们是社会性的，就像蜜蜂一样，我们要有归属，否则我们无法生存。对我来说，当我们接纳自己真正的感受时，这就是解脱和释放。

我很高兴看到工作文化正朝着正确的方向发展，幸福感被提上企业的议事日程。当你在全球范围内谈论心理健康的话题比历史上任何时候都要频繁得多时，这是一个积极的迹象。但是，我们自己头脑和内心所发生的一切，最终还是要由我们自己来负责。我们必须有信心，我们可以建立边界来削减和限制压力，而释放是我们可以主动做的事情，以此来代替用绝望的行为或切断压力循环的方式抵御压力。

### 静止不动

路易丝·切斯特是世界上最值得信赖的企业领袖顾问之一，曾是银行业的明星投资经理，负责数百万美元的投资决策。她在全球实践一种专注于工作和如何把握当下的工作理念是一项关键的商业技能。路易丝的目标是让领导者和整个组织作出更好的决策，更加亲社会和可持续发展，这与她以前在投资管理方面的工作一样具有重要的影响。我喜爱路易丝有很多原因，不仅仅是因为她总是对自己的奋斗和挑战完全坦诚，也因为她是一个变革者。我喜欢在我们闲聊、散步、喝鸡尾酒还有我们一起做所有有趣的事情时，和她讨论一些问题并听听她的想法。她对简单性原则的看法非常有趣：对我来说，简单就是静止，将自己从我们不断要求自己承担的所有反应中释放出来。它是六边形中间的量子势空间，你从中转移刺激和反应之间的空间。

我知道她是正确的，你不能总是通过走动和活跃来从混乱或动荡中释放自我，通常你要做得恰恰相反——达到一个静止的点。

对于那些精力充沛和焦虑不安的人来说，这似乎是个很高的要求。但是，如果我们让自己重新连接到人类的极限，以便从不断变得复杂的压力中得到一些释放，那该有多好？真正允许自己放手并保持安静的有趣之处在于，它实际上并不像你想象的那么戏剧化或困难。

除了在大脑中放轻松之外，我们还要在实际行动上有所释放。这可以追溯到简单性的一个早期阶段：清晰性、决策和边界的相关问题。作家阿里安娜 · 赫芬顿在她的开创性著作《茁壮成长》中谈到了从太多任务中解脱出来，就完美地表达了这一点。当我意识到我可以简单地放弃一个项目，并将它从待办事项清单中删除时，这真的是一种解脱。

我们为什么总是要随身携带那么多不必要的行李呢？重置的第二个方面就是关于放手的主题。虽然你认为我写错了，但我其实没有。我不想专注于正念，而是想让你考虑一些相反的东西：无意识！

## 2. 无意识

### 停工期

有一次，我为一些作家、思想家和企业家举办了一场静修活动，我们去了英国东海岸美丽的萨福克郡阿尔德堡。其中一位演讲者是才华横溢的作家安东尼·塞尔登，他提出早餐前带大家去散步。很多人都同意了，因为大家都觉得他特别可靠。对于这个人来说，多任务处理就是一种轻描淡写的说法，他当时在写政治传记的间隙办了一所大学，我觉得他同意参加这次活动对我来说是幸运的。

我们这批明星嘉宾步行团还不太清楚的一点是，这不仅仅是一次散步，当然也不是简单的一边走一边聊，而是一次正念行走。这些都是在正念的概念发展壮大之前的事了。当时，人们认为停工就意味着剥夺，而不是致富。所以非常需要一个在公共生活中有一定演讲地位的人出来打破当时紧绷的状态并提出“停工”这样的建议。

回来以后，每个人都被这一路的海风和沉思所震撼和鼓舞。但有一位客人说了一句带刺的话，他抱怨说：“我真希望他提倡的是无意识。”这是一种内心反射，尽管我知道他是在为自己的玩世不恭，或者更糟糕的说法是，为自己的势利辩护。但我也意识到，他无意中提出了一个相当好的观点。

因为为了认真练习冥想或正念，你必须做一些事情，即便是留出一些时间或者是坐下、走路，哪怕是打开一个应用程序，都是在以某种讽刺的方式打开你的思想，以便让它放松并且关闭，你必须参与其中。这让我陷入沉思，为什么我们倾向于认为正念和冥想是获得宁静和关闭的唯一途径呢？如果我们同样认真地追求无意识的状态，又会发生什么样的事呢？

## 思考的空间

我认为它的核心是空间，再加上宁静感。你所说的归根结底是你自己的事，重要的是你怎么做以及你的感受如何。当你停下来的片刻，哪怕是暂时的，给你的大脑一定空间，不要引导它去思考或做任何特别的事情，这也是一种修复。制造空间是一个很好的矫正心力交瘁的措施。

冥想专家迈克尔·塔夫特曾经进行了一次为期92天的静修，他把这个结果称为“我的思想不充实”。也许我太钻牛角尖，做了不必要的区分，我想是这样的，我们用来激励自己的语言非常重要。有些人只是身体偏离了正念的概念，比如静修活动上的那个带刺的评论员，如果他找到另一种方法来重置他的思想，他所做的对我们来说真的重要吗？并不重要。你可以说正念和无意识之间没有太大区别，但也得看你是如何看待它们的。

安东尼·塞尔登是我所认识的最用心的人之一，但他真的像迈克尔·塔夫特一样，在练习清空思想。事实上，对人脑的工作方式了解得越多，我们就越能意识到，它在重置和休息方面的工作同执行特定任务时的工作一样困难。在神经科学中，默认模式网络是最近才被发现的大脑部分，代表了许多能够引导无意识思考和处理的关键路径的汇合点。关于人类和自然的文化作家迈克尔·波伦将其描述为：当你的大脑感到疑惑或担心时，它所处的位置在哪里。

## 简单的关机

不管我们是不是要进入“停工期”，简单性都起到了一定的作用。因为通过排除无限可能性和缩小注意力，我们就可以开始实现一个重置的状态。当我听一段古典音乐或切一片大蒜作为烹饪的一部分时，我正在简化我的行动。在减缓思维的过程中，我达到了在我们这个疯狂世界中越来越难以捉摸的状态——放松。我无法判断什么活动会让我关机，但对很多人来说，网购或游戏也具有同样的效果，这其中也包含一些隐私的东西。关机后会让人有种很私人化的感觉，也许是因为在某种程度上，我们每天都在生活中扮演着不同角色，关机这一行为让我们与自己保持了亲密的连接。

我发现，让自己放松和关机的信号就是穿上睡衣。我不是说睡衣是某种时尚状态或者说是昂贵的奢侈品什么的。我的意思是，这跟美丽没关系，在家里换上睡衣就代表我进入了很隐私的时间，不再在线，完全关闭。

## 这个妈妈在跑步

我已经提到了体育运动关于“六”这一特点的有：网球一盘有六场比赛，排球每队有六名队员，板球有六个球。但即便你没有发挥六边形的作用，当涉及重置时，体育运动显然是一个实现关闭的非常好的方式。

英国社会企业“这个妈妈在跑步”（this mum runs）被它的创始人形容为一场幸福的意外。梅尔·邦德带着两个年幼的孩子，过着繁忙而规律的生活，她想找一个朋友一起跑步，帮助她恢复健康，于是她在脸书上发布了一条信息。众所周知，“这个妈妈在跑步”已经成为成千上万的有孩子的职业妇女的社区，上面张贴着她们看起来从日常生活的压力和紧张中重新振作起来的照片。她们社交跑步的关键词是“你的时间，你的空间，你的速度”。虽然我不是一个跑步者，但随着我到了中年，已经开始进行更多的体育运动，我明白没有什么能像运动这样在60分钟内帮助你快速恢复的了。令我惊讶的是，我对旋转周期课程充满了热情，如果没有伦敦和纽约的课程给予我专注和精力，我不确定自己能否如期完成这本书。当你失去了内在的孤立感，进入一个完全不同的空间时，集体锻炼是一个非常有效的关闭方式，甚至换衣服也有帮助，比如睡衣。我承认，整整45分钟没有使用手机会让人觉得是一种真正的成就！

## 3. 好奇心

> 在伟大而慷慨的头脑中，好奇心是最初的激情，也是最后的激情。
>
> ——塞缪尔·约翰逊

### 主动休息

当然，重置的想法与实际的休息是有关系的，大多数人休息都是被动的，往往是躺下来或戴上睡眠面罩。安德鲁·戴维森说他理想的重置是积极主动的休息，他和他的搭档大卫都是旅行狂热者，尤其是徒步旅行。他们住在伦敦的一间公寓里，为了表达他们对户外的热爱，他们在小阳台上铺了一小块人造草地。安德鲁经常发布旅行图片。他们去了很多地方。安德鲁对每一个地方都感兴趣，因为他对这个世界和人有无限的好奇。这会达到两个效果，首先，安德鲁会成为一个非常好的人，他具有巨大的能量和同理心，经常休假也是其中一个原因。他一定知道关机状态为他带来的好处，他能变得很聪明，因为当他旅行的时候，他可以从更广阔的视角看到更多的东西。

### 留　意

社会心理学家亚当·加林克西研究了旅行对创造力的影响并得出结论说：我们的大脑通过神经可塑性改变的能力意味着，

当我们通过旅行沉浸在其他文化中时，我们的心理健康会通过打开新的体验和想法而得到改善。许多现代研究都表明，旅行确实能改善人的精神。我父亲是一位作家，也是一位伟大的旅行家。在他的有生之年，他最喜欢的就是去新地方旅游，由于事业的成功，他去了许多国家，甚至在他90多岁的时候还在旅途中。我母亲甚至为此组织了一支医疗队，无论他们在哪里着陆，都要为紧急情况做准备。我童年最快乐的回忆是和父亲一起去巴黎、纽约和北威尔士的山区旅行。现在我也会经常旅行，每当我要去某个地方的时候，我会特别想念父亲。我经常会在去机场的时候想象和他谈话，告诉他我要去哪里。写到这里我其实是哽咽着的，父亲错过了这个伟大的世界。

父亲会阅读各种书籍，他就像一部百科全书一样，只要我想去世界上任何的地方，他都能给我讲出与之相关的事情。他去世后，我在整理文件时发现了他在20世纪30年代时写的日记，当时他还只有十几岁，住在伦敦，因为他的母语是德语，那时他刚开始用英语写作。他在一篇文章中记录了一些对周围日常生活的观察，给我留下了深刻的印象。他写道："这对我来说是一件非常重要的事情，留心观察。"我父亲在很小的时候就非常有好奇心，好奇心使他和安德鲁这样的人变得开放、想要去旅行、重置，然后重获新生。我认为，他们是思想、地点和人相关的永久旅行者，对他们来说，好奇心激发了想法、灵感和能量，与其说是工作，不如说是玩耍，尽管这会涉及很多思想和行动，但也是宁静的。我父亲和安德鲁一样工作非常努力，但他知道如何适时停止，他利用自己的好奇心来获得洞察力，停下来后做一些不同的事情。事实上，在留心观察别人的过程中，他就是在放松自己的思想和感官，所以他才能够重新专注于他所从事的任何工作。

## 4. 自然

从11月到2月，蜜蜂休息。我们应该让他们休息，不受刺激和干扰。

——韦迪

### 音乐使山峦生机勃勃

当我还是个孩子的时候，看过一部名为《音乐之声》的电影。电影讲述的是关于爱与失去、危险与拯救的故事。女主角朱莉·安德鲁斯伸出双臂，歌唱着她的心声，这是电影史上最令人难忘的画面之一。

电影总是被大家用来休闲娱乐消遣时间。这部电影用一种令人兴奋的方式，将20世纪60年代的都市观众从他们的精神世界带到了户外。乡村是自由、解脱和安全的象征，事实确实如此。

我来自奥地利的因斯布鲁克山脉，小时候我们去了威尔士北部几乎都相同的那些小山峰。我非常幸运可以在空气清新的地方长大，我可以从长满青苔的石头边上收集灰石板，可以喝到清澈而新鲜的山泉水，那味道仍然是我在这世上最喜欢的味道。我明白一点，没有什么比一次愉快的、长久的、泥泞的、艰难的行走更能让自己头脑清醒的了，最好再有点毛毛雨，千万不要是倾盆大雨，这会让我觉得自己很了不起。

有无数研究表明了身处大自然的好处。伯克利大学一项名为“良好中心”（Greater Good Centre）的跟踪研究结果表明人在森林中散步可以减轻压力，促进放松，心率降低，心率变异性更高。芬兰的一项研究表明，在大自然中散步20分钟比在城市里散步20分钟更能减轻压力。

大自然触动我的是，它教会了我们要谦虚一点。当你身处万物之中时，你根本无法继续保持着那高贵而优雅的姿态、工作头衔或者沉迷于某些爱好。因为，那一刻你就会意识到一直保持着这一切是多么愚蠢，也许这就是为什么当你带着那些有巨大压力的城市人到乡村去散散步，聊聊天，四处观察一下，和大自然中的树木、土地连接时，奇怪的事情发生了：他们不再装腔作势，通常都会开始放松起来。

## 芸芸众生

当你在大自然中行走时，你一定会遇到动物和昆虫。

写这句话时，我正站在威尔士山脉的中央，我看到一群奶牛从厨房窗户的一侧走过来，一小群鹅和羊在附近徘徊着。作家比尔·布赖森在他的《身体》这本书中指出，尽管身体拥有各种力量，但我们的大脑没有任何明显的人类特征。我们所拥有的神经元、轴突、神经节等，狗和仓鼠同样也有。

尽管我被我们家两只猫和女儿的小杰克罗素梗犬迷住了，但我从来都不是一个动物爱好者。直到今天，我还是有点害怕牛和马。如果有人要求我从动物保护事业和一个人类保护事业中选出一个进行捐赠，我总会说“我吃肉”。但是，直到我读到关于蜜蜂的文章并从中获得灵感和启发后，终于愿意花更多的时间在大自然中思考并创作这本书。于是我改变了对生物的整体看法，因为你一旦开始与自然的规律和节奏联系起来，并注意到它包容的万物，当你重新回归生活后，你就会感受到强烈的对比——这就是休息，这就是重置。你也可以，从一种生活中脱离出来，连接另一种生活，然后再回来，这感觉太棒了。

在戴安娜·伦纳和史蒂文·德索萨共著的《不做》这本书中，他们描述了自然与人类、动物以及休息之间的联系。其中有一个澳大利亚的特别的场景一直伴随着我：它描述的是一个女人在不安的状态下来到小溪边，学着适应那里的环境和马匹。

她注意到野花、流淌的小溪、摇曳的树枝还有奔跑的马及它们身上颤抖的鬃毛。这群马一匹接一匹地走向她，站得很近。它们就站在那里，没有吃草，只是静静地站着。

## 伟大的户外

这一章的所有内容都与“社会健康”相关，这里所说的“社会健康”就是指当我们通过数字设备处于一种持续的连接状态或者说“一直在线”时，我们是如何考虑幸福感的。这意味着我们需要在“在线”和“离线”之间取得平衡，这也与我们如何与自己和他人连接有关。它也意味着，我们是否主要生活在一个快速而疯狂的城市环境中，或者我们是否也能在户外获得空间和节奏。请记住一点，简单性原则取决于平衡。大自然正是伟大的平衡者，荷兰的研究人员发现，即便只是看一张自然风景的图片，也足以让人体所谓的副交感神经系统平静下来。

当我写这本书的时候，我发现自己在接近大自然时是最有效率的。虽然我住在伦敦市中心，这个世界上最繁忙的城市之一，但它也有一些美丽的绿地。我最喜欢的是汉普斯特德希思公园旁边伴我长大的一片巨大而古老的林地。它位于现在的伦敦北部，是首都吸引游客最重要的景点之一。沿着藏在中间的一条被树木环绕的小路往下走就是“女士池塘”，这里是一个小小的绿洲，一年四季都有比我勇敢得多的女人在里面游泳。但是在夏天和初秋，我也会在冷水里游泳来清醒头脑，集中精神。周围只有其他游泳者的轻声闲聊和一群鸭子分享令人振奋的水。晴朗的天空上什么都没有，真是太美了。每当这个时候，我都会发现自己让日常生活变得更简单，不那么杂乱无章。我想实现我所推崇的价值观，当我这样做的时候，我发现我开始改变，从很多小的方面就能注意到，我变得更整洁了，不再那么忙了，因为我做得更少。我花时间以一种平静的方式留心到我在做什么。我不像朋友索菲·莱维那样勇敢，她可以一年四季都在她北海海边的家附近的海里游泳，而且大家都知道，她会把我推进威尔士的冷水河中，在我大声抗议时咯咯地笑。在这里我还可以应付，但是如果在汉普斯特德希思公园呢？

当我们意识到危险来自一个过于复杂的世界，从思维、生活方式、消耗几方面来考虑，一个更简单的系统及生活正在召唤我们。

## 5. 呼吸

记得有一次，我所乘坐的飞机发生了剧烈的颠簸，我在颠簸中陷入了巨大的恐慌。我依稀记得听到有人大声喊叫，但其实那就是我自己，当时我有种灵魂和身体完全脱离的感觉。后来一个特别好的空姐把我所有的包放到我旁边，然后她坐下来递给我一个棕色的纸袋，镇静地告诉我，要平稳地呼吸。就在飞机停止颠簸恢复平静的时候，我的紧张状态也慢慢地得到了缓解。

呼吸的方式和频率是非常了不起的，比尔·布赖森在他的精彩著作《身体》中解释道：安静而有节奏的睡眠作息，一般你每天呼吸大约有20000次……一年大概730万次，一生大约5.5亿次。

我心目中简单、社会健康、六边形动作的典型物种——蜜蜂，它们尽管像我们一样需要氧气，但实际上并不是这样呼吸的。它们是利用一种被称为“呼吸孔”的空间网络将氧气直接吸入体内。还记得吗，蜜蜂将蜂巢制造为六边形的一个关键点，是因为它的空间效率使氧气在不浪费能量的情况下很好地流过蜂巢。虽然蜜蜂不像人类一样，在压力下会感到喘不上气，但它们确实会对压力产生恐慌，尤其是当觅食不顺利的时候。研究结果表明，蜜蜂的压力以及杀虫剂是导致蜂群数量急剧下降的关键原因之一。

对人类来说，呼吸是否通畅是我们应付问题的关键，这并不奇怪，因为呼吸就是活着。良好的呼吸可以改善消化、舒缓淋巴系统、镇静神经系统，是一种天然的止痛药。自从经历了上次的飞机事件后，我意识到两件事。首先，我想要知道是什么让我如此焦虑，后来发现它们主要来自分离，因为我在孩子们小的时候休息了几年后便又开始旅行。第二，我发现我能用调整呼吸的方式来达到一种舒缓、平静的状态，这是一件非常奇妙的事情。其实在高空的那两分钟时间里，我想知道，如果面临没有纸袋的情况，我能体验同样的平静吗？当意识到一个好的呼吸技巧是多么重要的减压方法时，我成为呼吸法的一名坚定拥护者。

我的方法非常简单，坐着或躺下都可以，闭上眼睛，用鼻子吸气和呼气。有时我能数到六或十，有时我会跳一种像蜜蜂一样的摇摆舞来改变呼吸方式，比如快速吸气，然后屏住呼吸，但通常我只是呼——吸——每次注意力不集中时，我都会将注意力集中在呼吸上。通常我会用手机设置一个6到12分钟的计时。

毫无疑问的是，能解开你觉得陷入复杂性事务的方法，最简单的就是调整呼吸。尽管最好的一站式商店一定是由阿里安娜·赫芬顿创办的网站（thriveglobal.com，我很高兴能作为主编在这里发表文章），但你依然有更多的选择方式，这要感谢无数的网站、应用程序、书籍以及瑜伽、冥想在健身和健康领域的兴起。即使你是这颗星球上严重的过度思考者，通过调整呼吸来让自己那疯狂的大脑变得平静、放松的技巧还是值得探索的。

我已故的同父异母的哥哥乔斯是一名戏剧导演，我30多岁时才和他相认。我们聊过很多关于感情、压力以及家庭剧相关的内容。无论是在挂电话还是分别前拥抱时，他总是对我说一句："深呼吸。"遇到困难的时候，我总是想起他。

## 喘口气

学习如何用恰当的呼吸让自己重置和平静下来，跟单纯的喘口气是不同的。这句话的来历谁也说不清，但大家都能理解。"让我们休息一下"往往是为了让某些事情在短时间内暂停一下。比如，在一个潮湿的天气里，一次会议没有解决任何问题的那一刻或者当你做某件事已经做了很久，却没有什么让你真正为此感动。

"喘口气"是人类特有的一件事。我再解释一遍，它是关于休息和重置某些东西，而不是完全关闭，就在那里睡一觉。我感觉"喘口气"就像你从电脑屏幕前停下来的那一刻，或者远离争论，或者在紧张的事情中休息一下，这都需要一点时间来调整。

你的肾上腺素可能还在继续分泌，就好像你依然沉浸在事情里，但它不会花很长时间来稍做改变。“喘口气”可以极大地改变接下来发生的事情。根据《哈佛商业评论》上一篇关于谈判中情绪的文章，如果处于一场激烈的谈判中，按下暂停按钮是最明智的做法。

我们没有理由不把“休息”的概念扩展到旨在增加视角的情境中，就像“无意识”可以做到的那样。简单性原则，就是说你应该应用“保持简单”（KISS），学习大自然的系统和结构，像蜜蜂一样行动。那么，让我们暂时休息六分钟，“喘口气”怎么样，在外面重新部署，讨论一下关于这件事的六个基本的，悬而未决的问题，或者提醒自己，谁需要做些什么来克服这个困难，重新回到船上。总的来说，我把“喘口气”看作是一个时刻，让生命进入暂时缓慢燃烧的状态，不管是你，还是对某件事的专注或热情，这都是一种很自然的恢复控制的方法。

但对我来说，久经考验的、能减缓我呼吸、让我平静下来、让我重新振作起来的呼吸方式是：小憩、打盹……午睡。

## 小　憩

如果你问我关于“重置”和“休息”最简单的方法，那就是小憩。当你在白天闭上眼睛与世界隔绝的时候，那是多么美妙的20分钟。午睡是小憩的一种方式。对我来说，小憩就是为了快速、有效、简单，我唯一坚持的小憩配件就是睡眠面膜（别问我的收藏有多少，但你总能知道我的生日会买些什么）。

睡眠的重要性怎么估计也不为过，讨论睡眠已经成为主流。睡眠的本质是，身体和精神需要我们花三分之一的时间来睡觉，以使得细胞恢复活力和修复，并使重要的荷尔蒙处于适当的水平。人类是所谓的单相睡眠者，意思是我们睡觉的时间会很长。奇怪的是，我们的朋友蜜蜂也是这样。但其实大多数动物都是多相睡眠者，就像狗和猫，它们的睡眠就是多次的小睡和打盹。

我们现在需要更多小憩的原因之一是，由于数字过载、智能手机的干扰性刺激和压力，我们的睡眠中断变得越来越多，青少年睡眠障碍和新媒体屏幕时间之间的联系尤其明显。众所周知，由于更年期荷尔蒙的变化，女性中年期出现睡眠中断、失眠或入睡困难的现象明显增多，所以治疗失眠药物的市场才变得如此庞大。我们的生活越复杂，我们与睡眠的关系似乎就越出问题。想要找到那些使睡眠变好的确切因素，这本身就是不确切且令人疲惫的。所有这一切都是需要小憩的原因，那些快速的修复，是非常有用的。

与这里列出的一些重置秘诀不同，我并不认为集体小憩是一件好事情，除非是婴儿。我们没有理由不独自去小憩。各种花哨的品牌纷纷进入市场，利用短暂的午睡可以使员工立即恢复活力并重新集中精力这样的科学知识，让新的企业获利。这样的产品基本上都是些未来派风格的椅子。我承认我对小憩的环境并不挑剔，只要有一个能平躺的地方，并且我经常在会议间隙时跑到车里将座椅放平睡一会儿。

事实上，小憩不一定要很长时间，也不一定要在特别的地方进行。小憩究竟是6分钟还是16分钟好，还是60分钟比较好？60分钟有点长。一般来说，20分钟左右是恢复的最佳时间。我知道人们称之为强力小憩，但午睡的唯一强大之处就在于“决定来个小憩”。

最后，重置和恢复活力不仅仅来自休息，而是来自相反的行动，特别是乐趣。

## 6. 乐趣

如果你从来没有做过，你应该这样做。这些东西很有趣，有趣是好事。

——苏斯博士

### 暂时逃避现实

对于任何想找点乐子的成人或孩子来说，苏斯博士都是个好帮手。在他的书里，奇怪的生物会做着不可思议的事情，比如一头大象坐在鸡蛋上、一只猫戴着帽子到处乱跑。这些有趣的故事中包含着简单的智慧，会给妈妈不在身边的孩子带来一场混乱，然而也是逃进书里的一种方法。我把它称为逃避现实，因为当你玩得开心的时候，你就是在摆脱正常的、严肃的、沉重的顾虑，进入了一个新的领域，比如逃到艺术或电影的乐趣中去。但乐趣不仅仅是逃避，它是你的混合自我——“你是谁”，只是轻轻一触就让你精神焕发。

最近，对于“分散注意力”的看法，媒体上有一些不太好的报道，因为我们将其与“数字分心”联系到了一起，而且正如你所知道的那样，我是反对提示音和干扰的，并且之前已经写过关于设备可能造成时间浪费的文章。但如果是故意分散注意力呢？逃到一个小游戏或一点乐趣中并不是一件坏事。事实上，当你大笑或放松时，许多生理和心理指标都会发生变化，如应激激素皮质醇下降，调节情绪和睡眠的血清素水平提高。

我在YouTube上看到了一段精彩的视频，有一只小狐狸在花园里的蹦床上玩耍，蹦床与地面齐平，因此有些伪装。它显然被意外的弹跳所吸引，也很惊讶，只是不断地跳来跳去。我们都知道动物有多喜欢玩耍，从在草地上打滚的灰熊到我们自己的家养的狗，而这一点快乐其实人类也是需要享受的。像这只小狐狸的举动，换成一个小孩子也是很合理的。许多学术论文都阐述了与身体健康和幸福感相关的明确的心理和生理指标的论点。当你玩得开心时，你会发现，这是另一种“松口气”的方式，就是从一种模式中断开，进入另一种模式，然后带着能量和情绪的变化返回到之前的模式中。

## 鸡蛋和勺子

这很有趣，“汤匙盛蛋赛跑”大约有150年的历史了，经常在学校和当地的体育和社区活动中出现。就连这样的想法都很有趣：一场大家用勺子平衡鸡蛋然后赛跑的比赛？这太奇怪了！我非常喜欢将它作为简单性原则的象征，因为它涉及平衡，既棘手又直接。任何年龄、能力的人都可以玩这个游戏，而且无论你是观看比赛还是亲自参加，你都会控制不住地笑起来。

为成年人创造在工作环境中可娱乐的游戏，如今已成为一个大产业，相当于把“汤匙盛蛋赛跑”带入董事会，因为它可以把人们团结起来，让大家参与其中，而且还可以让他们进入另一个顶层空间。

越来越多的研究表明，快乐作为乐趣的副产品，可以提高效率。英国有一项有趣的研究，该研究邀请人们用一到七分为自己的“幸福”打分，其中六分表示非常高兴，而其中一个关键的情绪指标就是展示一位著名喜剧演员的集体喜剧小品。意思就是说，当他们玩得开心时，他们如何评价自己的快乐程度？你猜结果怎么样？很高！

当然，在一个团体中玩得开心不一定是开玩笑或者表演搞笑的节目。只要是关于有趣的，可以让你从常规会议和形式中分散注意力的方式都可以，这是关于休息和重置的一个专业设置。

泰拉·萨普在她的精彩著作《创造性习惯》一书中写道，她做了一个名叫“一打鸡蛋”的运动，这个运动中，你开始蜷缩成一个蛋形的球状，然后展开成不同的蛋形，这是一种与瑜伽相呼应的身心运动，但它可以让你随意创造出新的姿势并自己命名。正如泰拉所说："这是再简单不过的事了……让我开心，振奋精神，让我继续回到鸡蛋里。"

不仅仅是企业或社区意识到幸福对生产力的重要性，核心经济学家和政策制定者同样如此。2018年，我有幸在韩国开幕的经合组织（OECD）福利论坛上与诺贝尔经济学奖获得者约瑟夫·斯蒂格利茨、法国经济学家让·保罗·菲图西以及围绕幸福政策的倡导者——伦敦经济学院的理查德·莱亚德爵士共同发言。在国际会议上我们能玩得很开心可真不容易，在那里，我们深夜喝酒、白天在走廊里说闲话，彼此提供思考的动力。他们是将幸福的重要性纳入全球政府思维这一举措最前沿的三个人。他们大胆宣称，GDP不再是衡量社会发展唯一的指标，世界需要衡量更广泛福祉的标准。这一大胆主张促使经合组织（OECD）推出了年度幸福指数（Better Life Index）来正式衡量这些指标。

## 乐趣的六边形

最后说两个六边形相关的物品，我希望你们可以玩得开心。第一个是足球，它是完美的几何设计，由六边形和五边形组成。最初的现代足球（不是最早期用猪的膀胱做成的足球）距今大约有150年的历史了，它是由18块板子拼接而成的，有六个部分，每一部分都有三个条带，这又是一个完美数字六！因为上一届世界杯有30多亿人观看，使之成为21世纪最受关注的电视直播赛事。

我觉得很多人都喜欢足球。但如果像我一样不喜欢足球，你会喜欢从另一个六边形物品中找到乐趣，那就是被子。六边形的被子可以追溯到18世纪，它们的早期名称是蜂窝被子或六边形拼布。我觉得没有什么能比和一群女性朋友围着丝绸和印花棉被对坐在一起更惬意又有趣的事了，就像戈迪在1835年的《女士书》这本书中写道："也许没有能比六边形或蜂窝状拼布更漂亮、更巧妙的拼布工艺了。"

我在写被子这一主题时有一个省时的变化：我在书中运用色彩来快速而有趣地分散注意力。我用的这本新的六边形彩绘书的背面有这样一句话："大量华丽的六边形色彩！" 就像苏斯博士在《绿鸡蛋和火腿》中的角色一样，我要对你说：试试看，试试看，你会发现它多有趣！

六张巩固清单

## 重 置

1. 设置为零。睡眠是至关重要的，但更广义上的重置也是如此。当你刚醒或醒着的时候，你的充电方式是你自己可以掌握的。确定什么对你有效，以便把你的紧张程度恢复到零。

2. 无意识。找到适合你的方法获得宁静，关掉电源、保持安静，无论是字面上的意思或打个比方。冥想也许是你的方式，但别人不一定适合。找到能帮助你重置或能激发你创造力的事情。

3. 主动休息。寻找风景的变化，让你的好奇心激发你的想法、灵感和能量。注意正在发生的事，无论你在哪里，都要做一名游客，然后重新集中注意力。

4. 去蜜蜂和树在的地方！大自然就像伟大的再平衡器，重新连接大自然的节奏，当你连接到，请注意对比。

5. 深呼吸、喘口气。有时我们需要快速复位，而不是完全关闭。当事情变得紧张的时候，培养一些技巧，通过专注于呼吸来让自己平静下来，或者休息一下，可以独自进行，也可以集体式地重新调整。

6. 找一个足球。找到你能做的一些活动，当然一定要是有趣的活动，如果你在一天中没有微笑或大笑，那你这一天过得可不够！

# 第七章

# 第四面：知识

## 逃离“信息肥胖症”居首要地位

职业生涯的四个阶段：

1. 想要电子邮件。

2. 回复电子邮件。

3. 可怕的电子邮件。

4. 躲在桌子下面，设置自动响应，显示你现在是乌兹别克斯坦的棉农。

——马特·黑格·推特

我的职业生涯始于模拟时代，那时计算机是放在桌子上而不是在手里，我那时就开始用打字机工作了。很难想象，如果你是我孩子那一代人，或者是“千禧一代”“Z一代”，没有照片墙、脸书、微信，没有互联网，看不了滚屏新闻，也没有YouTube会是什么样的景象。当德国发明家约翰内斯·古腾堡在第一次知识革命中将印刷机带到世界上，至今已经过去了6个世纪。如今，已是知识爆炸的世界。

瑞典卡罗林斯卡学院认知神经科学教授托克尔·克林伯格

在他的著作《泛滥的大脑》（*The Overflowing Brain*）一书中说："注意力是信息流到达大脑的入口点。"我们的大脑在关注和处理注意力方面缺乏"无限的能力"。说到饮食，如果过量，则会导致肥胖。这就是为什么我们将信息过载的状态视为"信息肥胖症"，就像我们的身体被太多复杂的食物堵塞一样，知识也是如此。当它充满了垃圾（假新闻）或者我们还没来得及消化它的来源（互联网）时，我们就很容易积累大量毫无益处的知识。然而，就像食物一样，它也是至关重要的。我们需要它，我们也应该享受它，但我们需要简化吸收它的方式。

当我开始思考"信息肥胖症"和信息过载危机时，我第一次想到了简单性原则。我意识到，数字生活的规模和速度打乱了日常的工作和个人生活，这意味着我们需要采取不同的行为方式，就像我们已经学会健康饮食和锻炼一样。这样，社会健康的理念因此产生：积极、实用的步骤、控制和组织线上和线下活动。我们如何处理知识就是一个很好的测试，所以面对信息的海洋，我们是选择下沉还是遨游呢？

这里有六种方法聚焦于知识这个主题，无论是单独还是综合考虑，它应该使我们的消费方式更易于消化：

1. 信任：如何区分事实与虚构。

2. 智慧：真正的价值在于经验。

3. 已知的未知：如何想象现在的未来。

4. 学习：做老师和学生。

5. 策划：制作一个“知识仪表盘”可以治愈“信息肥胖症”。

6. 记住：知道工作记忆的极限。

# 1. 信任

## 巨型骆驼蜘蛛

在第一次海湾战争中，美军士兵所面临的不仅仅是枪支，还有巨型骆驼蜘蛛，这一消息开始在电子邮件中流传开来，但很快成为“众所周知”的事实。因为一个士兵拍的照片被广泛分享，又因为拍摄的角度，士兵拿着的蜘蛛看起来似乎特别巨大，堪称“换脸”（Deepfake）[①] 的早期案例。事实证明，这只蜘蛛来自一个叫“索里福吉”（Solifugae）的群体，他们后来公开辟谣说：“即使它们在中东非常大，也很容易被挤到人的鞋底下。”

谣言并不是什么新鲜事，但通过互联网像病毒一样地传播，我们追寻真相和相信真实变得更加困难。尽管信任是无形的，但它与外界有着紧密的联系。如果我们不相信我们所知的，我们就

① 换脸（Deepfake），是由“深度机器学习”（deep machine learning）和“假照片”（fake photo）组合而成，本质是一种深度学习模型在图像合成、替换领域的技术框架，属于深度图像生成模型的一次成功应用。——译者注

会陷入紧张的情绪。比如飞行中的飞机，我们会因为机器安全性而紧张；如果我们知道一个认识的人带有危险性，甚至曾是一个杀人犯，我们就会改变对他的态度。马尔科姆·格拉德威尔在他的《与陌生人交谈》一书中对此做了精彩的描述。

研究互联网时代人类行为的英国记者杰米·巴特利特为英国广播公司（BBC）制作了名为《失踪的密码女王》（*Missing Cryptoqueen*）的系列播客，讲述了鲁贾·伊格纳托娃博士说服100万人投资维卡币的虚假传销计划。维卡币是一种建立在区块链（支撑数字货币的技术）上的加密货币，但正如杰米和他的制作人发现的那样，这一切都是假的。问题是，人们把所有的希望都寄托在上面，并鼓励他们的朋友和家人投资。他们坚持说他们知道维卡币是真的。但事实上，他们所知道的只是他们信任品牌和营销，和真相完全不是一回事。维卡币的故事就是作家玛格丽特·赫弗南所说的“故意失明”的一个例子。人们想要一个简单的解决方案——一种极其简单的赚钱方法。许多人都很穷，他们相信那些光鲜的宣传和受过教育的体面的外表，不被欺骗倒奇怪了。然而，这个故事揭示了人类的本性是如何经常被一个闪亮的承诺所欺骗的，其实就是某些复杂的事物在某种程度上更好“行骗”，因为它很难理解。麻省理工学院的唐·诺曼在他的书《与复杂性共存》（*Living with Complexity*）中写道：“人类会用很多种方式来表达他们非常热爱复杂性本身，并举了很多例子来说明，比如许多体育运动的奇怪规则，或是我们如何冲泡咖啡和茶的仪式。”他是对的。但是，当你利用这种对复杂事物的自然好奇心进行诈骗时，后果就会是戏剧性的。

我们回想一下重置的最后一个公理以及关于注意的想法，开始注意你是否能正确地追踪知识的来源以及你是否信任这个来源。你相信你所读或所见的东西，是因为你没有合理地怀疑，或者证明证据是伪造的吗？杰米·巴特利特发现，魅力四射、衣着奢华的鲁贾·伊格纳托娃似乎出现在《福布斯》杂志的封面上，这一事实在市场营销中被大量使用。但仔细一看，这其实是一个在保加利亚付费的广告，后来被操作成《福布斯》杂志的头版封面。在互联网上，任何东西都可以传播得非常迅速，以至于小说都可以变成真事。但事实上，编辑报道与广告报道之间存在着巨大的差异，编辑报道必须严格遵守新闻的5W标准，即时间（When）、地点（Where）、谁（Who）、什么（What）、为什么（Why）。《失踪的密码女王》揭露了很多全球品牌被骗的案例。他们接受了维卡币的资金，以便在不知不觉中被用来验证其欺诈品牌。心理学家罗伯特·夏尔迪尼称其为“社会认同”：你相信别人信任的东西，因此会让你的行为永久化。

当涉及信息，尤其是当有人试图让你根据你需要信任的信息来采取行动时，请尽量保持简单。我为什么要相信这些信息？是因为一个人、一个品牌还是完全可以理解的一段信息？我的直觉告诉我，理解并且被强迫去信任某人而不是信任事实对我来说太复杂了，是否有一个红色信号警告我不能去触碰？我们常常能感觉到被卷入争先恐后的人群中，即使我们相信那绝对是瞎说！

有时候，信任是另一种方式：你相信某件事，因为它确实有效。你可以证明它是有效的，理想情况是，你可以亲眼验证。

## 给马套上马镫

如果你需要重新思考你对骆驼、蜘蛛的了解，那马呢？保罗·阿什克罗夫特和加里克·琼斯在他们的书《活着：数字人类及其组织》（*Alive: Digital Humans and Their Organizations*）中指出，“马镫是赋予蒙古人战略优势的技术”。它指的是古代中国首次发明创造了马鞍、马带、马镫的搭配使用，加速了整个文明的发展。通信、运输和战争都得益于人类对马或骡子等动物的控制能力。现在，也许你知道了马在人类历史中的重要性，你甚至知道，马改变了历史的进程。我想知道的是，骑马的人是如何发现配饰使它们工作效率更高？好吧，以人类的聪明才智，可能还有很多尝试和错误，当然还有信任，因为总得有人爬上第一匹装了马镫的马试一下。

我希望你们能够分辨出有用的知识（如马镫），虚假但有趣的知识（如沙漠中的骆驼、蜘蛛威胁士兵）和其他知识之间的区别，有些知识是真的，也有些不是真的，但你信任这些知识，是因为它的某种观点的表达方式。

## 依我拙见

伟大的记者兼评论员沃尔特 · 利普曼曾写道：“一个缺乏发现谎言手段的社会不可能有自由。”众所周知，尽管新闻业本身也承认，这只是“历史的草稿”，但一家声誉可靠的媒体，一定会比随意在推特或脸书发布不受监管的广告更容易核查事实。当你认为自己说的是实话，而实际上是错误的，从而误导了别人，那会发生什么呢?

比如这本书，我和我的编辑克里斯 · 库德莫尔都非常努力地让你相信你正在阅读的信息，这种做法叫作事实核查。即使我认为我对这些事实有把握，但我也会核查它们，因为记忆是不可靠的。你知道“9 · 11”事件后的心理实验吗?一年后，几百人经历了“错误记忆”综合征，错误地回忆起自己所在的地方，一年后他们的叙述发生了巨大的变化。你看，即使我们对真实的信念充满激情和真诚，也未必能一直保持真实。

但我不只是在这里提供可核查的事实，我也在发表意见，这是无法控制或监管的。你要相信我，我是诚恳的，而且我修饰事实的背景是有道理的。在这方面，我不像《权威》中那样是一个作家，而是一个评论员。

在报纸和新闻媒体中，超级明星是评论员和专栏作家，他们的薪水和知名度远远高于“后座议员”，因为他们提供的措辞和观点在很多方面都比新闻本身更有吸引力。这是信息和知识的另一层复杂性，当你应用简单性原则时，你会意识到需要平衡哪些复杂的东西，在某种程度上，这些东西是不可分割的，而复杂的东西，则是更为复杂、更难以解释的部分。

所以你可以说，放松一下这个观点的背景，跟你说一个你所看到或听到的更简单的版本：提出观点的人的议程或者他们的媒体。换言之，问一个简单的问题：形成这个观点的原因是什么？为什么是现在？为什么不换一个角度？这将帮助你打破意见，也别忘记一件重要的事情：你可以选择如何解释它，或者你是否信任它。让我们回到事实上来。我觉得新闻工作者这五个要素时间（When）、地点（Where）、谁（Who）、什么（What）、为什么（Why）缺少了一个完美的第六点：智慧（Wisdom）。

## 2. 智慧

### 知识工作者

根据研究，我们中有六分之一的人符合“知识工作者”的描述。我们使用大量被称为“学院知识”的信息，这就是人力资源部门会头疼的原因。当有人离开岗位，脑子里的信息是他们无法轻易或迅速替换的。换句话说，这就是智慧。我们美丽的蜜蜂朋友在觅食花朵和花粉时依靠的就是智慧。它们寻找最好的地方，并且它们作为一个“社会物种”，用触角将信息传达给他们的群体，包括如何提取花粉并带回基地等。我最喜欢的一本有关蜜蜂的书是《蜜蜂的传说》，写于1919年，作者是一位来自英格兰东南部的神职人员蒂克纳·爱德华。他对蜜蜂情有独钟。他指出：“一种世袭的、共有的智力是历代进化而来的，是蜜蜂世界开始以来所有蜜蜂经验的总和。”

对于人类来说，字典中对智慧的定义是：“拥有经验、知识和良好判断力的品质，智慧不仅仅是知识。”这也许是人类保持优于机器的原因，无论人工智能变得多么先进，在人类结合现实世界的经验考虑如何使用感觉和判断方面，它仍然落后。我们称内在的、本能的智慧为“第六感”，但基于可追踪查询的知识来说，所谓的外部智慧用什么来称呼，也不容易确定。

智慧并不像汽油泵里的汽油那样可以用体积或重量来衡量，它需要建立分层。从这个意义上说，智慧是软知识，它的边缘是模糊的，但它是无价的。

这涉及简单性原则的核心。即使你无法用语言表达：你知道什么、感觉到什么、意识到什么、经历了什么。运用你的第六感，就像蜜蜂运用自己的触角，把你已经知道的东西都拿出来放到办公室桌子、咖啡柜台或者会议室。我注意到，年轻人或者背景不太优越的人经常没有意识到他们自己有多少智慧，也许是因为我没上过大学，而是通过打许多零工的同时进行学习和通过大量阅读、观察及询问大量导师的自我教育，积累了我所知道的知识，所以我知道智慧首先来自内心。

## 拼字比赛

很多人都看过电视问答节目，《谁想成为百万富翁》这档节目已经被世界上超过三分之二的国家翻译成了160多种语言。人们似乎喜欢看别人的知识被测试，并以此来测验我们自己的知识。在互联网时代之前，第一个电视游戏节目是拼写比赛。我小时候看过两个关于知识测试的电视节目，策划者让参赛者坐在椅子上，故意受到恐吓。严厉的面试官快速发问来测试他们的知识。大学挑战赛则是中产阶级聪明人相互竞争的机会。对于观众来说，其中一部分乐趣在于看到有的参赛者是个怎样的书呆子，还有的又是多么聪明。但正是“百万富翁”吸引着观众们，这些节目无疑使主持人成为百万富翁。

据报道，美国电视节目《家族纷争》的主持人史蒂夫·哈维年收入4400万美元。这种娱乐背后的真实故事是什么？确凿的事实，有一个简单的选择：是/否或对/错。在一个复杂的世界里，简单是如此受追捧，尽管有许多其他可能的模式，但它一直是电视娱乐的主要来源。问问自己，“我的最终答案是什么”，并推动自己对已经知道的事情做出决定和选择，这是一个相当好而且简单的训练。它把我们带到我们并不知道的那一片关于知识的波涛之中。

## 3. 已知的未知

### 被幻灯片（PowerPoint）折腾死

> 正如我们所知，有些已知的事情，我们知道自己知道。我们也知道有些事情是已知的未知，也就是说，我们知道有些事情我们是不知道的。
>
> ——唐纳德·亨利·拉姆斯菲尔德

从他嘴里说出这些话的那一刻起，我就知道这些话会成为传奇。我无法停止思考“已知的未知”的概念，然后我意识到了原因。拉姆斯菲尔德先生说得对，有时候我们以为自己什么都不知道，其实我们已经知道了。但我们忽视了它们，因为它们隐藏在一堆复杂的事物中，我们不再关注它们。或者我们对自己的系统有如此盲目的信念，以至于我们不认为那是多么不可思议的事情，还会问：“即使我们希望什么都不会发生，即使我们认为不会发生，但到底会发生什么呢？”这些态度的任何组合，往往是由复杂性造成的，都是致命的。拉姆斯菲尔德发表上述言论一年后，一个可怕的例证就出现了——美国宇航局哥伦比亚号航天飞机灾难。

“哥伦比亚号是一艘美丽的飞船，它的表现非常出色。”一名宇航员在摄像机前愉快地说。航天飞机在2003年2月完成了一次例行任务，正准备进行降落，表面上看起来一切都很正常。不一会儿，英国广播公司说“不可能且没人会想到”的事情发生了，航天飞机解体，导致宇航员和机上其他六人死亡。而“不可能的、未知的”原因，原来是一块泡沫脱落并破坏了飞船的机翼。这是一次真正的事故，不过这件事还有另一种解释，有证据表明，这些工程问题实际上是战争博弈的结果。有人曾设想过会发生这种情况，但他们认为不会发生。美国宇航局在这次事故发生的前几个月公布了这个“已知的未知”情况，数据是用幻灯片演示的，在那次演示中，在场的人的注意力被分散或消失了。我想象着在一个灯光昏暗的房间里，人们被各种信息轰炸，无法充分处理信息，然后起身匆匆离开。

为无聊的会议而创造“被幻灯片折腾死”这个词变得太真实了。让我们回顾一下认知神经科学家托克尔·克林伯格在《泛滥的大脑》一书中所说的：“信息的洪流不仅增加了我们预期接收的数据量，也增加了我们需要屏蔽的数据量。”

在哥伦比亚号航天飞机的最后时刻，任务控制室的画面很难看。飞行指挥不知道我们知道什么，他行为正常，保持警惕地控制着，也没怀疑什么。他相信自己知道航天飞机将安全返回陆地，过了好一会儿才意识到问题，在那一刻，我们可以看到只有一滴泪珠顺着他的面颊滑落。镜头转向其他人，那些人被吓得目瞪口呆。他们肢体语言的每一个细节都让人眼花缭乱，因为他们终于知道发生了问题。

诚然，只有当外部风险发生时，你才知道它的风险有多大。纳西姆·尼古拉斯·塔勒布称其为“黑天鹅”事件，因为它们非常罕见，但是这里面的风险是众所周知的，只是表现得非常糟糕也非常复杂。因此，即便是一种风险，也并没有真正被认为是一种风险，不幸的是，这是一个完美的“已知的未知”。

我们其他人面临的风险是显而易见的，如果可以的话，你一定要想象和预测已知的未知。你应该意识到，如果让人们超负荷工作，如果给他们过量的信息，他们会在最需要注意力的时候失去注意力。审视一下你自己的处境：你会对隐藏在所有其他信息中的重要信息保持警惕吗？如果不能，你能简化你的系统、流程或庞大的信息量，让“已知的未知”因素暴露出来吗？

## 如何获得诺贝尔奖

> 有时，利用手头的东西，做一些非常简单的实验和发现。
>
> ——安德烈·盖姆

现在有一个好消息。安德烈·盖姆和康斯坦丁·诺沃塞洛夫发现了世界上最薄、最坚固的材料石墨烯并获得了诺贝尔物理学奖。我在伦敦的一个私人晚宴上遇到了机智而热情的安德烈·盖姆，他在接受采访时谈到这一惊人成就的工作时，说："对我来说，年复一年地处理同一个问题很无聊。所以，每当我们在做任何特定的研究时，同时我也在考虑，利用我们手头的设施和知识，还能做些什么……不管我做什么，即使我一直在研究石墨烯，我都在想：'好吧，这项研究还能用来做什么？'而且，通常情况下，结果会有所收获，比如深夜或周五晚上的实验，尝试一些非常基本的东西，并尝试进入一个或另一个方向。百分之九十九不会成功，但是，有时会有非常简单的实验和非常简单的发现可以利用我手头的东西来完成。"

这有一个非常好的"六边形行动"的例子！应用"简单"来修复某些东西，拥抱简单。当然，石墨烯本身、碳和六边形紧密相连。这是一个额外的好处，石墨烯是由碳构成的，碳元素在元素周期表中是第六位，原子核中有六个质子，通常还有六个中子，外面还有六个电子。简直就是我们的幸运数字6。我们的身体一半以上是由碳构成的。石墨是碳的一种形式，是碳的结晶体形式，它的原子呈六边形结构，从钻石到太阳能电池板都来自石墨。石墨烯是一种单原子厚的碳层，也是六边形晶格排列，强度相当于钢的200多倍，但它是目前人类已知的最薄的材料。自从石墨烯获奖以来，它已经改变了我们对DNA测序、滤水器、能量产生和电池的认识。体育方面，15岁的网球神童科里·科科·高夫比赛时使用它制成的网球拍。

## 不被随机性愚弄

我想说的是，哥伦比亚号事件之后，在预测不知道的事情方面，会有很多成功的机会，这不仅仅是简单，也是一种对探索的屈服。纳西姆·塔勒布以他的“黑天鹅”理论而闻名，但他也写了关于随机性以及如何接受你不知道的东西的精彩文章。在《被随机性愚弄》一书中，他写道：概率并不仅仅是在骰子上或更复杂的变量上计算概率，它是对我们知识缺乏确定性的接受，是对处理我们无知的方法的发展。

这又回到中国人对“溜”的信仰，为什么数字6在中国被认为是幸运的，因为数字6听起来像普通话中的“溜”这个词，意思是一切都很顺利。

我对“已知的未知”的看法是：错过一些你本可以而且应该预测到的事情是不可原谅的。但是，不知道一些你不知道的事情完全可以理解。所以，不要害怕去探索还没有发现或还没有想到的事情，也许答案是你需要知道更多，而不是更少，也许是时候再一次成为一名学生了。

# 4. 学习

## 生命大学

我没有上过大学，但我是一名教授。怎么会这样呢？这事说来话长，主要是因为与其说“名誉客座教授”是全职终身教授，不如说是一位思想大使，所以我在经营着我的小企业的同时，写作和演讲的次数比教书还多。

我不想再讲述早年学业失败的传奇故事了，但我的父母肯定曾经担心得焦头烂额。那时我发现我很难集中注意力，比起学业，我更担心的是我的社交群体、我的衣服等除了学习以外的其他事情，我发现考试制度真的令人讨厌。如今我的五个孩子非常擅长考试，但还是有一些孩子会像我一样觉得考试乏味。这是完全正常的。

我没有上大学，而是在出版业打了很多零工，一路走上去，俗称“在职学习”。当时，这并不是一种标准的学习方式。我的很多朋友都完成了第一个学位，有的甚至完成了第二个学位，学位被认为是获得“好”工作的必要条件。回顾我早年的职业生涯，我觉得我就像一只小动物，在一层层的泥土里挖地道。我在出版、电视、政治、公共关系等领域都做过兼职，最后成了今天的我：我自己的老板。

事实上，对于在大学环境中长期进行正式的、结构化的学术学习是否与在职学习和不断获得新的资格和经验一样好呢？这其中存在着不同的思想流派。很明显，答案在很大程度上取决于你所学习的东西以及它能否与日常工作相结合。我们不能错误地认为，一个PDF文件会具有与优秀教师同样的学习效果。因为慕课（MOOC，大规模在线开放课程）和通过互联网进行远程学习是非常有效的。在工作场所，“数字学院”可以在灵活工作的同时提供非常有价值的、灵活的学习方式。但有一件事值得我们铭记，世界发展如此之快，机会是如此有限，因此，一边走一边学可能更有意义，而不是在等待“完成”学业的时候离开就业市场。不管怎样，教育、生活和学习都是你一生要面对的事。

## 医生，治好你自己

这本书我引用了《蜜蜂的心灵》中的一句话：“世界上最好的蜜蜂只能教它自己知道的东西。”我是一名教师，非常喜欢分享和传授我所学的东西。也许是因为我认为自己首先是一个学生，其次才是一名教师，所以当我看到我的那些已经工作的学生时，我觉得我是在实践我所宣扬的——做一个好老师就是做一个好的学习者。我父亲去世后，我丈夫花了两年时间整理父亲的那些图书馆、书籍、论文和文章，以便分到大学档案馆。我父亲是个狂热的读者，他从未停止过学习。我们现在的房子已经安装好了书架，为一些书籍和我们热爱学习各种思想的大儿子提供了一个他渴望的地方。我想我父亲对知识的渴求现在成了墙的一部分了，当我父亲去世时，我得知他的作品在巴西学生中非常受欢迎，他们在宿舍外面挂着横幅，上面写着“霍布斯鲍姆万岁！”。父亲在书中教给他们的东西将在他身后继续流传，这是任何老师或作家所期望的最高的赞扬。

## 技能差距

在很多方面，作为一个几何和结构的爱好者，我真希望我能有正规的高等教育的经历，我真希望我能通过顺畅地阅读某些文学作品来变得更有见识。然而，我意识到，其实我可以交流我所知道的，而不需要任何东西，除了我自己的好奇心、学习和听众。性格和教养的运气给了我一些有些人天生就有，而其他人也可以学的软技能。

对此，生活大学倒是有很多话可以说，现在我们需要不断地重新设计和学习，以适应人工智能取代一些工作和一些人。全球商业咨询公司麦肯锡（McKinsey）估计，80%以上的大企业领袖认为，为了解决“技能差距”，必须对半数员工进行技能再培训。如果你打算在一个非常专业、技术性很强的领域工作，或者你想追随诺贝尔奖得主安德烈·盖姆的脚步，你就需要硬资质。硬技能革命并没有消失，它只是在21世纪重新开始。

但还有其他一些技能现在确实非常有价值，那就是软技能。从眼神交流到同情心，从解决复杂问题到团队合作，可靠性和适应性，这些都是让我们在这个机器化、自动化时代保持人性的技能，同时让我们可以学习和改进这些技能。

复杂的现代工作世界，人工智能取代了旧的工作，新的工作需要新的技能，这意味着许多世界顶级公司，从IBM到谷歌，从安永到希尔顿都放弃了对一些初级员工的学位要求，因为他们同样重视软技能。我们也并不是唯一适应和学习的物种，典型的物种如蜜蜂，已经适应了向大自然学习，同时也成为教师和学生，这在昆虫世界里是很不寻常的。只不过我们知道蜜蜂是群居昆虫，它们属于一个学习、分享和适应知识的群体。你可以说蜜蜂一直在寻找新的猎物，包括太阳的位置、一天中的时间、某些花的位置和气味。我们可以从蜜蜂身上学到一种叫作“摇摆舞”的舞蹈，它们通过这种舞蹈向其他蜜蜂传递花粉的位置信息。在我年轻时的那个年代如果谁在大学里学的是传播学，会被别人认为明显不如硬科学，但正如蜜蜂所展示的，软技能可能正是你所需要的。

## 软技能革命

你是如何获得这些软技能的？当然，有些是人类天生具有的技能。这就回到简单的第二个方面，个性中的“OCEAN”人格分类测试。比如说，你从内向到外向的过程或你的适应能力，在某种程度上，这些技能是可以传授的，可以体验和复制、学习和实践的，它们在工作场所越来越受到重视。

Qdooz公司推出了一款数码技能应用程序，我在英国创业时曾为该应用程序提供了一些建议，它将人的素质视为技能的补充。Qdooz是由英国企业导师大卫·CM.卡特创建的，他希望在大规模的指导和培训下为员工带来自信和专业知识。

Qdooz指出，软技能不仅可以在道德上正确地激发每个人的潜能，而且可以使人们的终身收入提高14%。英国在一项对各大公司高管的调查中发现，92%的人在筛选面试对象时会把软技能作为一个关键因素。他们首次发布了一项全国性的质量指数，其中“专注”和“可靠”均进入前十。

这些话很重要，因为雇主想要的不是复杂，他们想要的是生产力。我也想要生产力，无论是雇佣别人还是作为个体经营者。所以无论你在学什么或学过什么，当涉及工作时，我的问题不仅仅是你知道些什么，而是你在做什么。

## M代表动机

动机是衡量生产力的一个很好的方法。追溯到20世纪50年代，有很多研究支持这样一个观点，即当员工受到激励会更有效率。但我喜欢几年前在加纳进行的一项现代学术研究。在这篇研究论文中，21名研究者对近500名教师进行了研究，发现80%的教师的表现与他们的动机有关。作者认为，“管理自我激励”是激励的第一个维度。如果你是一个学生或者是个体经营者，你就是你自己的管理者。如果你管理别人，对你来说，最重要也是最简单的事就是弄清楚员工是否知道他们在做什么，你对他们的期望是什么以及他们是否能够合理地交付工作成果。当你不得不在一个混乱或过于复杂的情况下管理员工时，他们的积极性和专注力就会下降。

所以，简单性又来了：动力会驱使你走向生产力，无论你想学习还是想教授，动机都会帮助你。但是，让我们回到学习的最大问题，不是方法问题，也不是时间问题，而是“信息肥胖症”的问题。

## 5. 策划

### 知识仪表盘

知识仪表盘是我开发的一个工具，用于帮助工作小组确定如何思考他们不同的知识来源。我告诉他们，要像每天围绕着摄入400克水果和蔬菜，进行五次健康运动一样来思考这六个方面。很多人都在想他们每天应该吃五份水果和蔬菜，唯一的原因是这是一个运行良好的世界卫生组织运动，遍及全世界。它实际上并不只基于五个部分，但它现在因为太精确而被固定住了。

因此，知识仪表盘会问：如果你每天或者任何特定时期在你的组织里或者你自己的生活中、时间里，你都有一个健康的知识可以摄取，那会是什么样子？你还记得本章前面提到的6W吗？新闻领域里的谁（Who）、什么（What）、为什么（Why）、地点（Where）、时间（When），加上我的第六个补充：Wisdom（智慧）。在你的知识仪表盘上应用同样的方法，当你确定了六种需要掌握的信息类型时，它可以帮助你构建、塑造和控制“信息肥胖症”。这是可以避免“零食”和建立信息状态的最可靠的方法之一。

我所说的“信息肥胖症”到底是什么意思呢？想想普通的肥胖，世界卫生组织说，在人类世界，患上这种肥胖的人数自1975年以来已经增加了两倍，对全人类健康的危害可想而知。肥胖症是由于我们吃了太多含有错误营养成分和添加剂的食物，再加上运动量不足。我现在谈论的是社会健康，数字时代的连接状态，它们是健康的吗？如果太多的信息涌向我们，充斥着缺乏营养和不可信的信息以及本章前面提到的所有东西，就会让我们不知所措。

就像我们为了避免或减少肥胖而控制饮食和加强运动一样，我们也可以做一些事情来控制信息不对称的风险。总而言之，这就是治疗。治疗对于信息的重要性就像控制饮食和运动对于身体健康的重要性一样。削减治疗并切断过量信息的脂肪组织，知识仪表盘就像一个碳水化合物或卡路里计数应用程序，它可以帮助你跟上进度。

知识仪表盘的关键是各种知识组，就像食物组一样。你的目标应该是综合性的，比如说，不管你的专业是什么，首先是三个涉及新闻和观点的话题，然后是一些一般性的娱乐或者我所说的“时代精神”，接着是媒体的混合体。因为与长时间阅读的正餐相比，推特或博客就像是零食，听播客或看TED①演讲与阅读一本完整的书也完全不同。知识在形式和内容上都很重要。所以，让我们来看看信息之河的本身以及治疗是如何开始的。这其实都是秉承简单的原则：保持简单，亲爱的，少即是多。

## 杀了你的宝贝

问问自己是怎么来读这本书的。不是有人推荐，就是有书商买了放在书架上或者归功于“经常一起购买”这种基于算法的推荐。不管怎样，它都是一种治疗形式，将大量的可能性简化为少数。对于艺术、报纸甚至是这本书的内容，治疗总是在起作用，选择要放什么，不放什么。

正如伟大的作家威廉·福克纳所说，我已经杀死了成千上万的宠儿，为了给你带来希望和正确的话语。每天我都知道，很多“策划者”都在给我们策划快速阅读的东西，比如主流媒体网站和应用程序也是如此。当我打开一本时尚杂志或应用程序时，我就指望着有人为我策划“造型”以及在哪里购买。

让别人为你做策划是很好的。但是，当你必须过滤信息并知道什么对你来说是很重要的时候，你要怎样才能创建你的知识仪

① TED（指Technology，Entertainment，Design在英语中的缩写，即技术、娱乐、设计）是美国的一家私有非营利机构，该机构以它组织的TED大会著称，这个会议的宗旨是“传播一切值得传播的创意”。——译者注

表盘？知道该放什么？

我们首先要考虑的是相反的情况：漏掉了什么。我认为，在你学会关注什么或者让别人关注你之前，你必须先将一部分心爱的事情扼杀掉。从办公室政治的角度来看，你有15分钟的时间可以对老板说些什么，你可能真的很想把一大堆事情都说出来，但你做不到，因为你只有15分钟的时间，所以，你要保留什么，丢弃什么呢？

让我们回想一下，在美国宇航局的幻灯片演示中发生了什么，它包含了一些重要的信息，事实上，这些被人忽视的信息预测到了最终发生的“不可想象”的事情——一块泡沫刺穿了哥伦比亚号的碳罐，使它以难以置信的速度坠落到地面。我看过包含这些信息的幻灯片，简直就是一场混乱的视觉呈现，太乱了，看上去非常复杂。如今，我在世界各地做演讲时，幻灯片仍然是我最常用的方式，但我从一开始就知道，如果我想保持兴趣，简单才是至关重要的。我一秒钟都不能假设我吸引了观众的注意力，因为他们身处一个人人都在争夺他们注意力的世界，这被称为注意力经济。正如我在本书开头所说的，我开始尝试展示信息的最佳方式并发现分享六边形行动的概念确实有效。它并不凌乱，也不是很复杂，它让我的观点站出来为自己辩护。当我站在观众面前的时候，我需要关注的不是我投入了什么，而是我准备忽略什么。

所以简单性原则可以帮助你毫不犹豫地回到你可以抛弃的东

西上，从而变得真实并保持这种真实。只有这么多的关注，只有那么多时间，只有这么多人能记得。

## 6. 记住

### 六日战争

有一次，我的一个朋友站在皮卡迪利马戏团中间大喊：“六日战争在哪一年发生？”这不是一般知识测验，她需要确切的日期。为什么？因为那是她的银行密码（答案是1967年）。今天，我们中的大多数人都很幸运地记住了自己的密码，因为我们有太多这样的东西，即使我们记住了，我们也会生活在对网络盗窃和欺诈的恐惧中。这里还有另一个数字6：在21世纪进入成年期到2021年之前，网络犯罪的成本估计在60000亿美元。我们陷入了一种无休止的焦虑之中，必须防止越来越多的数据被黑客入侵。

当然，要保证我们的数据安全是一场全天候的战争，远不止6天。复杂性使我们的生活变得困难的一个最明显的方式，就是我们都变得依赖不同的电子系统、密码、操作软件等。正如《泛滥的大脑》一书的作者托克尔·克林伯格所言：“我们应该关注的是，越来越多的、重叠的信息流会让我们这个物种的普通成员越来越分心和迷失方向。”

虽然有一种叫作“良性压力”的东西，但我个人认为管理数字数据过载是我们面对的最糟糕的压力。当我发现自己在搜索登录信息或者在平板电脑上无法下载但在我的笔记本电脑上运行良好的软件时，我立刻就可以感觉到我心跳加速。多亏了云存储，查找我的隐藏密码的问题减少了，但是所需密码的数量也增加了，因为有人担心，除非你所有的东西都有一个不同的密码，否则你怎么知道你的一个账户没有泄露?

所有这些都意味着，我们迫切需要新的战略，在非常实际的层面上处理记忆的问题。保持简单是一种明显的解药，更多的设备，更多的平台，更多的软件程序，更多的升级，更多的密码都是导致不良压力的一个根源，就像高血压。请记住，工作记忆的问题是非常有限的，因此，如果我们将密码的数量限制在6个或更少并真正地询问自己是否给记忆施加了太大的压力，以至于无法简单地应对，情况是不会趋向于好的方面。

科学家对阿尔茨海默病的研究表明，生活中有许多压力重重的情况会引发人们类似阿尔茨海默病的反应，比如长期失业、债务或性侵犯。研究还表明，通过不断的“任务转换”使大脑超载，会导致类似的大脑应激反应。耶鲁大学精神病学系的研究人员利用功能磁共振成像（MRI）实时研究大脑活动，发现：工作记忆系统负荷过重会让大脑出现不同程度的准确性下降，反应为对任务表现出消极情绪。这种变化与大脑区域的激活减少也有关系。

换言之，就是你不能应付太多的信息。你不仅记不住，还会因为感到压力过大而不记得。

## 忘了它吧（FUHGEDDABOUDIT）①

我喜欢“忘了它吧”这个词，在其中我听到了罗伯特·德尼罗在纽约黑帮电影的口音。不管怎样，在《城市词典》中它的意思是：“忘了它吧——这个问题不值得花费时间、精力、脑力或情感资源。”前不久我做了个决定，如果我必须非常努力地记住某件事，那是因为我不想、不需要或必须找到解决办法。在这种情况下，我需要做些什么。这是一个关于简单性原则的完美流行语，就像KISS（保持简单，亲爱的）。

别以为你脑袋里的东西会越来越多，相反，相信你自己，你会记住你需要做的事情。树和蜜蜂都记得如何做事，我们的身体会“记住”经验。我清楚地记得生第二个孩子的经历，对于那个时刻的思考和感觉简直就是：“哦，我记得，这就是感觉，我知道接下来会发生什么。”你会认为这很明显，但我第一个孩子的出生非常复杂，我想我不会记得太多。在生第二个孩子时花了两天时间引产，所以我认为这段经历会很不一样。但是一种古老的物质记忆被触发后，身体，紧跟着是大脑立刻接收到信息，它们记得。你总是记得你孩子的出生，当然还有他们的生日。我第二个孩子阿努什卡确实有一个令人难忘的简单和对称的结合：01.01.01。例如，在那些把日期和月份反着写的国家，它会保持日期和月份的正确性。碰巧的是，如果你在没有出生日期证明的

---

① fuhgeddaboudit =（forget about it）=忘了它吧。——译者注

情况下作为难民来到一个新的国家，那么1月1日也是你最有可能被指定的“生日”。我是移民的女儿，我很享受和女儿共同度过的里程碑式的生日，而且不难记住！

## 复杂的曲线

复杂性可以用一点形式作为填充的基本形式，但它仍然可以抛出曲线。夏时制在欧洲生效时，苹果公司不得不向旧型号手机的用户发出警告，因为该计划的一个方面出现了一点小故障，这意味着如果用户不手动更改，苹果手机将无法记住如何在线连接或者类似的事情。计算机内存有时比人类还要糟糕，多年来，微软系统不断更新，这意味着它的内存发生了变化。你可以在一个设备上搜索并从另一个设备中找到不同的结果，这实在令人恼火。我把这种东西称为“复杂的曲线”，因为就在你最不期待或最不需要它的时候，一个巨大的电子扳手就可以投入工作。不知为什么，这样给人的感觉更糟，因为我们总是被软件设计师和我们的数字品牌灌输我们事情是多么简单和直截了当。记住，简单卖东西。

在几何中使用曲线对我们六边形爱好者来说很有趣，因为它代表了我们所知道和喜爱的直线的偏差。我觉得周围那些陶醉于复杂性的人，他们看着我们，悲伤地摇摇头，说：“所有这些简单的东西都很好，但实际上，生活只是比这复杂一点，不是吗？”他们需要认识到复杂性是一条巨大的曲线。你做的事情越复杂，复杂曲线就会产生意想不到的后果，使你偏离你的路线，没有更简单的说法。如果你必须记住更多的东西，而你的大脑除了尽可能多地进行训练外，无法适应这种情况，那么你可能就需要放手了。这本书提出了六种方法，可以帮助你以更少的精力取得更多的成绩。

这意味着尽量少记，少存储，少连接，记住一件事，照顾好我们头脑中那个复杂、凌乱、混乱、有限、宏伟的内存，只需记住一件事。

## 六张巩固清单

**知识**

1. 优先考虑信任。要从虚构中破译事实，尽量保持简单。首先你要问是否有比眼前所见更多的东西，你是不是因为相信它而故意蒙蔽了双眼？退一步说，如果你能追踪到知识的来源，能信任它吗？

2. 使用你的触角。智慧是经验、感情和知识的结合。像蜜蜂一样，用你的触角，用你的第六感，放到桌子上，可以是办公室的桌子、咖啡柜台或者会议室，带上你已经知道的。

3. 寻找已知的未知。如果可以的话，想象并预测已知的未知，接受那些已知的未知……但不要忽略了你终究能做点什么的可能性。

4. 加入软技能革命。复习你的硬技能和技术技能，但不要忽视软技能，你能很好地洽谈、交流，表现出你的同情心吗？

5. 使用知识仪表盘。切断TMI的脂肪组织，也就是“信息肥胖症”，同时也提供对社会健康和身体健康至关重要的多样性和差异性。

6. 避免复杂曲线。把注意力集中在你需要知道和能记住的事情上，不要超过你的认知负荷，不要把复杂的事情抛给自己。

# 第八章

# 第五面：网络

## 多元化的网络比网络更重要

用不同于你的人来填充你的生活。一旦你离开学校，你就可以选择你身边的人，而不是被迫和他们在一起。

——库迈尔南贾尼在大学毕业典礼上的致辞

人类是社会性物种。我们和谁一起生活和工作，我们喜欢谁或不喜欢谁，我们如何相互交流，都是通过社交技能来完成的，包括语言和文化。我们展示、分享、炫耀，所有这些都是对复杂的社会线索的反映。然而，我们人类在相互联系的基本需求上是非常简单的。一旦我们有了食物、住所、安全，我们就需要依靠爱来生存。

神经科学家马修·利伯曼已经证明，人类大脑有一个永久性的运动，它总是与社会经验有关，我们经历的情感情绪与痛苦本身非常相似。技术赋予人类社会网络并不奇怪，因为在数字世界出现之前，我们就一直存在于这些社交网络上。人类自有史以来就已经实时建立了社交网络。因此，我们在社交网络上非常贪婪地交流也就不足为奇了。就在我撰写本文之时，仅在脸书和WhatsApp Messenger（简称WhatsApp）[①]应用程序平台上，每天就有600亿条信息被发送。聪明的算法设计者们用多巴胺刺激我们的大脑化学物质，他们已经找到了用电子手段复制我们自然需要的可怕方法。全球网络索引报告称，现在每个社交媒体用户平均每天花在社交平台上的时间为2小时16分钟，相当于他们上网总时间的三分之一以及清醒生活的七分之一。

在这一章中，我希望能帮助你在网络上重新获得在线和离线之间的平衡并开始认识到这种相当人性化的，与他人联系的网络和理解网络本身之间的关键区别。网络反映了自然界的本质以及六边形的连接方式。几乎所有事物，包括人类，都受网络法则的支配。我们的交通运输和基础设施都建立在网络上，从树木到化学中的六边形晶体，如铜、金、铅、银……都是我们制造的金属中的六角形元素结构，它们反映了自然世界的网络结构。树完美地说明了所谓的网络效应，森林表面上是成千上万棵树，但在下面它们都是由相互连接的根网络连接起来的。德国“树语者”彼得·沃勒本对树木网络的研究正在撼动科学界，他在《树的隐秘生命》一书中揭示了树依赖于与我们关系密切的关系网络的真相。

在这方面，树可以被称为具有社会性，但它们当然不是动

① WhatsApp Messenger（简称WhatsApp）是一款用于智能手机之间通信的应用程序。——译者注

物。因此，蜜蜂之所以是简单的典型物种，其中一个原因是它们本身就是社会性的生物，尽管它们如此微小，显然没什么语言，但它们彼此交流，以我们能够识别和联系的方式共同构建生命。蜜蜂使用任何可用的技术来相互交流，如它们的触角就是非常复杂的自然传感器，但绝不以牺牲当面在一起为代价。就像我前面所解释的做蜜蜂的想法——建造和归属感，是它们简单性原则的核心。

在本节中，“六边形行动”网络从蜜蜂身上获得了不少灵感，超越了通常认为的网络，更让我们关注网络自然科学：

1. 沟通层次：沟通时使用所有六种感官。

2. 超有机体：我们是社会物种。

3. 网络：工作场所的人际网络至关重要。

4. 社会资本：避免回音室，争取更多平等。

5. 沙龙：新咖啡店中的旧咖啡屋。

6. 社交六人：谁最重要。

## 1. 沟通层次

### 保持真实

你会觉得把爱和你的老板、同事、室友联系起来是不合适的，但是用“连接”这个词来代替，你就会明白了。我们也必须和其他人建立联系，否则我们的表现就不是人类。监狱的作用是把罪犯排除在社会、家庭、朋友之外，这是惩罚的本质。而“单独监禁”是一个囚犯行为不端时受到的最严重的制裁，完全独处被普遍理解为对人类非常大的伤害。事实上，社交是一种基本的生存方式。通过对大脑活动的图像扫描，利伯曼教授发现了三个半六边形的关键神经网络，它们将我们的联系置于我们认知感官的中心：第一，记录社会痛苦和快乐；第二，阅读情绪和预测行为；第三，我们的文化信仰和规范。正如他在《社交》一书中所说：“社交关系需要一个大写字母N。”

我开发了一个沟通层次的模型，让我们专注于我们花多少时间与真实的人实时联系，记住保持真实的重要。如果你在社交媒体上发布信息，你可以接触到很多人，并获得“喜欢”“分享”和“评论”，但这一点并不等同用你的感官去看、去闻、去听或去抚摸另一个人或与他们一起品尝食物。社交媒体对第六感非常不友好，因为在网上使用你的直觉是非常困难的，评论、回复帖子或电子邮件是一种非常生硬的工具。

沟通的层次很简单，想象一下金字塔，顶部是最独特和最有价值的形式，而底部则是最普通的。

**顶部：面对面**。

直接当面或通过声音对声音。

**中间：书写/绘制**。

通过普通邮件、电子邮件或社交平台发送的通信。

**底部：广播**。

一种大规模的通信形式，使用邮件系统，如通过社交网络本身。

## 在脸书的世界里面对面

尽管面对面地做事情要花很多时间，尽管接触到的人明显变少了，但真正的价值在于：在脸书的世界里面对面。我要直截了当地说，虽然我认识到社交媒体的好处，而且我自己也是一个狂热的用户，但我认为这是一种比与两个人面对面地待在一个房间里更差的媒介。牛津大学的进化心理学家罗宾·邓巴有一个以他的名字命名的数字——邓巴的数字。这是因为他的研究表明，人类在任何给定时间内可以拥有的关系的最大数量是150个左右。我去了罗宾在牛津的一间书房里和他交谈，我给他介绍了我创作的一个名为“网络国家”的BBC广播系列节目。他最近做了一些专门针对社交媒体和面对面的研究，并说：社交媒体当然有助于减缓人际关系质量自然衰退的速度，一旦我们不能经常与朋友见面，这种衰退就会发生。但如果你们不经常见面，再多的社交媒体也无法阻止朋友最终成为“另一个熟人”。面对面的交流对于维持友谊至关重要，不时看到他们的白眼似乎就是我们维持友谊的方式。

两个人身体处于一个空间里还有另外一个明显的好处，那就是有助于身体健康。例如，有研究表明，触摸尤其是拥抱在减轻压力和建立信任方面有着惊人的力量。你可能无法想象在会议室拥抱或者触摸比你年长的人的手臂是个好主意，但在网络上显然不可能发生这样人性的连接。如果你能观察到交流的层次性，那就意味着触摸到了简单原则的精髓，保持简单，贴近自然。没有过滤器，就像他们说的那样，上网太多的问题在于，如果你不想一直在线的话，你需要大量的时间、精力和策略来应对。而这些精力、时间和策略可以更好地用于其他地方。

## 2. 超有机体

### 世界上最好的异花授粉者

让我们暂时从电子邮件和社交网络的细节中退一步，回到自然世界。生物学家把人类和我们的同类称为“蜜蜂超有机体”，这意味着我们彼此合作。也就是说，我们一起生活、工作、交流，一起创造、建造和制造东西。

蜜蜂被英国皇家地理学会宣布为地球上最重要的物种，大概有25000个品种，因为它在植物和花朵的授粉中起着重要作用，从不同花朵中提取花粉的能力通过自然界的网络传播，影响着植物的生长。除了传粉的现实生活之外，我们的日常生活也有了改善。生物学家、自然资源保护主义者托尔汉森曾写过一本关于蜜蜂的好书，名叫《巴斯》，他分析了麦当劳的巨无霸汉堡，得出的结论是，几乎每一种原料都依赖蜜蜂的授粉，从调味汁中加入的辣椒粉到冰山莴苣，除了面包和牛肉之外，其他一切都与蜜蜂授粉有关。你能想象一个除了纯肉或谷物之外，没有调料或添加天然成分的汉堡包是什么样子吗？他的观点是，超过150种作物需要或受益于蜜蜂授粉，如果没有它们，我们尝到的很多东西将相当乏味。

异花授粉也是一个典型的网络效应的例子，我也喜欢把人类看作是伟大的异花授粉者。我们传播思想、价值观、文化、语言和传统。如果我们不这样分享，我们就不能建立一个世界。多亏了社会分享和思想的交叉传播，特别是伦敦商学院的查尔斯·汉迪，组织行为学教授埃尔米妮娅·伊巴拉的慷慨，她让我看了她的学术同行塞林·凯斯比尔关于这个话题的论文——《人类社会性的超有机体解释：人类群体如何以及何时像蜂巢》。它指出："在任何一个组织层面，通过与同级其他单位合作来巩固力量，会带来巨大的竞争优势。像蜜蜂一样，人类是非凡的合作者，能够采取涉及数千人甚至数百万人的集体行动。"

当然，亲近大自然的几何图形就是简单性原则的核心，也是六边形行动的技巧。从蜜蜂到树木这些自然界网络的基本结构说明了相互联系、协作行为的力量，这也是人类协作行动的一个很好的例子。

## 野猪足球队

2018年夏天，全世界的目光都集中在泰国靠近缅甸边境的一个洞穴系统上。两周前，野猪足球队的12名男孩和教练冒险进入了洞穴，当时是雨季，水位上升，氧气含量下降，又不是所有的男孩都会游泳，他们被困在了岩石深处的岩壁上。时间不多了，每个人都害怕最坏的情况出现。最后，这次事件成就了一个人类超级集体的完美案例，一个团队自然地聚在一起，围绕自然界的复杂性寻找简单的解决方案，最后他们成功了，孩子们活着出来了。

泰国洞穴救援是物理学家阿尔伯特·拉兹洛·巴拉巴斯称其为“无标度网络”的一个惊人案例，即不断复制并扩大的网络。在10天内，帮助营救男孩们的网络已经扩大到20多个国家超过1万人。他们运用各种技能，医学和攀岩，包括用冥想使孩子们平静下来。还有来自陆军、海军和洞穴探险队的专家。该网络既部署了尖端的新技术，如无人机、声呐扫描仪和多频网状技术无线电，也部署了20世纪70年代的老式可折叠手机，还有最古老的技术：超级的组织能力。

像这样汇集在一起并及时使用技术、社区和通信的网络是联合国实现可持续发展目标的“不让任何人落后”战略的一个案例。我认为这是社会健康行动的一个例子。这些人利用现有的技术相互联系，利用我称为“结网”的三个要素，在适当的时间框架内，将正确的知识添加到正确的网络中，帮助每个男孩在涨水降氧的最后期限内安全脱险。

男孩们被当地经验丰富的攀岩者安装的滑轮拉着穿过洞穴，

他们被注射了镇静剂，时而被抬着，时而被拉着，有时甚至是在危险的、上升的水面上行进。

野猪足球队被超级组织拯救了，这真是一个鼓舞人心的故事！

## 3. 网络

### 在真实的房间里工作

几十年来，我一直在社交网络领域工作，这工作是处于真实的房间里的，而不是聊天室中的社交网络。我被任命为伦敦卡斯商学院的网络名誉客座教授。当时，我认为这是社交网络世界中面对面交流理念的一个小小胜利，尤其是因为多年来，许多人开始相信社交网络将消除对其他任何东西的需求。当然没有比这更离谱的了，《实验心理学杂志》的一项研究表明，如果你亲自提出要求，而不是通过电子邮件发送，你被满足要求的可能性要高出34倍。怀疑和缺乏同情心都是其中的因素，也包括发送电子邮件的人过于乐观。这项研究告诉我，当我们认为电子网络联系人们的方式比面对面的方式更好时，真是喝多了得出的结论。

困难在于，如此复杂的人际关系网是很难做到的，没有人们说的那么有趣，因此人们宁愿躲在屏幕后的网络中。这是什么问题呢？一句话——羞怯。就在不久以前，很多人都穿着制服上班。当然，如今有一些人仍然这样做，尤其是在工厂或车间。有一套制服会让人觉得那既是一种身份又是一种保护，当公司派你去参加一个“社交活动”的时候，你会觉得很暴露，就像你必须要成为一个能歌善舞的销售员，而实际上你可能只想在房间的角落里闲逛。尽管我是个外向的人，但我自己也有过很多这样的经历。害羞是人之常情，即使你是一个在社交上感到完全自在的人并且喜欢在房间里工作。对于很多人来说，人际网络就像是一行你无法破解的代码，我们不得不在工作中开始谈论和思考。

思考人际关系的最好方法是避免用类似“我能从中得到什么”这种交易性的术语，而是从人际关系的角度出发。比如，我如何才能与某人建立联系。相信我，这种差异是至关重要的。从森林的另一个地方借一片叶子，这是关于知识和管理的章节，对你选择进入的“房间”要非常有选择性。你的时间是宝贵的，甚至可以说，你应该有意识地避免去任何宣传自己有“社交饮料”或“社交时间”的地方。这是一种真正的交易型心态，而不是关系型的思维定式。任何邀请你参加的活动都是因为你会受到欢迎，也因为它有趣。那么，当我们考虑腾出时间参加，网络将自动从一个有组织的事件流向优先的人和内容。这似乎是一个小细节，但相信我，了解人际关系网和网络的区别在工作中是非常重要的。

## 人民的力量

作家马修·利伯曼的研究表明，人类的大脑首先与社交相关。字典里对关系的定义包括“相关的或相互关联的”。换句话说，处于某种网络中，从有亲戚的家庭关系到所有其他类型的关系，包括工作。一旦你开始把你在哪里工作、和谁一起工作作为一系列关系，那么你会开始以一种非常不同的、更个人化的方式来重视培养它们。

为了实现这一点，也许一个好的出发点是超越办公室关系和动态，尽管它们很重要，但也隐藏在一堆被称为“数据库”的数字化的方式为主的关系中。任何经营过企业或参与过营销与销售的人都会对数据库有敏锐的感觉。50年来，它们几乎没有实现现代化，它们在“数据采集”方面变得越来越强大，但那些制造、销售和管理系统的人面临的风险是，他们会更少地关注简单原则，而更多地被复杂的魔力影响，从而产生一个认识——数据库能处理的数据越多越好。

仔细想想，把人名输入电子系统来管理交流似乎很简单，但这是针对个人的吗？我年纪已经足够大了，记得Rolodex——一个记录任何东西，特别是人的信息的索引卡片夹，它是丹麦工程师希尔达乌尔·尼尔森在20世纪50年代发明的。在网络时代之前，它每年能售出1000万张。我想念它们，我能看到、摸到这些卡片，还能数它们，这使我与它们保持着连接。如今，我的联系人生活在领英（Linked In）[①]、办公数据库系统、微软邮箱

① 领英（Linked In）是全球知名的职场社交平台，覆盖全球超8亿会员。领英致力于打造“一站式职业发展平台”，帮助职场人连接无限机会。用领英，走好职业发展的每一步。——译者注

（Outlook）、脸书和其他社交网络上，很难跟踪，非常具有复杂性。技术规模使我们能够记录数百万人，但这与他们的联系或交流又有什么关系？

让我们回到大自然和树木，我们现在才知道森林中的树木是多么的网络化，这多亏了彼得·沃勒本在他的《树木的隐藏生命》一书中所分享的开创性工作：森林是地上和地下巨大的网络，它必须不断地自我更新。每年冬天落叶树都会落叶，以防自己不被大风吹走，如果能保证生存，那么长出新叶子是值得的。那么，我们曾经给管理我们自己的森林连接层的系统带来了多少新的能量？答案是还远远不够。

## 小就是美

最后，我谈谈网络规模在工作中的作用，不仅仅是在会议、活动或数据库方面越大越好，而是在完成任何事情方面都好。简单原则很简单，就是避免会议或电子邮件列表中超过六个人，但一般来说，任何事情的规模都会对结果产生巨大影响。

管理理论家弗雷德里克·拉鲁提出了他所称的“自我管理式组织”（Teal Organization）①，这个理论表示，一个组织是通过依靠集体的自我管理和小单位的协作来取得成功的，而并非是传统的

① “自我管理式组织”（Teal Organization），它是对具有金字塔形管理架构的绿色机构（Green organization）的进化。亚马逊旗下鞋类电商在2015年开始尝试自我管理式组织模式改革。——译者注

领导模式。拉鲁写到了自我管理中的“没有老板”文化，在这种文化中，团队规模很小，可能只有10到12个人，这使得他们非常灵活，能够快速适应。美国人力资本管理软件公司（Kronos）的老板阿伦·艾因直言不讳地称自己是“联合国领袖”，尽管这是一家价值10多亿美元的企业，在全球拥有6000多名员工。在他的著作《灵感的工作》中，他讲述了“猎鹰计划”的故事。这个项目由一个25人组成的团队开发，负责做一些不同的事情。正如他所说：“我们的员工非常敬业，我们的顾客很高兴，但也有人很担心。我们希望确保未来的成功，并决定采取积极主动的措施。”这个小团队被允许进行实验和探索，这个刚刚起步的项目最终在2019年劳动力管理解决方案的独立研究排名中排名第一，得分为95分。

这就是小的力量。

## 4. 社会资本

### 你知道谁和你知道什么

当我在2005年开始我的网络业务“编辑情报”时，我当时想把记者和公关这种截然相反的人聚集在一起，不管怎样，在他们自己的眼中是这样的。当时我给这家公司的指导方针是“公关与新闻的结合”。我以前是一名图书公关，因此认识了玛雅·安杰罗记者并设法与她建立了良好的关系，甚至可能得到了他们公司的尊重。这相当困难，因为在公关方面有一条“潜规则”，即利益远远高于道德。

所有这些都要追溯到类似的时代，也就是伦敦“长时间液体午餐”的时代。那时，即使是像我这样年纪相当小的年轻女性，也可以花钱去豪华餐厅交流新闻和消息，建立联系。我记得和年轻的艾伦·罗斯布里杰在法林登吃寿司，他后来成为《卫报》的编辑。我至今仍与许多当时的记者保持联系，有一两个还成了好朋友。那么，为什么一开始我就有信心和他们联系？因为我有社会资本。

社会资本是联系的力量。如果你没有社会资本，你就无法获得社区的“价值”，你无法完成任务或取得进展。这是一个从经济学中借用的术语，有点滑头，但经过多年的积累，它已经逐渐成为人们接受的一种方式，意味着你的人际网络很重要。

那时候在英国，父亲在我事业腾飞之际达到了学术名望的顶峰，媒体都知道我的姓氏，每个人都知道霍布斯鲍姆这个名字，所以当我问我是否可以去拜访谁时，他们总是说可以。就像金融资本一样，你必须从一开始就做得越多越好。我可以真诚地告诉你，我在这里写的所有东西比如好奇心和动力，都对我有所帮助。所有这些都是真的，但社会资本是我开始时的财富，我一直希望其他人也能从中受益。

但是怎么做呢？编辑情报网很快就超越了媒体和公共的范围，我们开始扩展到政治、科学、技术、商业等领域，仍然是公关和新闻界的人。但我注意到，每个人在某种程度上比我们有资历，否则他们负担不起我们的会员资格，而且直到今天，人们意识到种族和阶级的多样性，才打开了“职业”的封闭世界。我觉得这在道德上是错误的，但我对网络科学了解越多，就越意识到这在战术上也是愚蠢的。因为当你研究社会关系或者网络效应增长和传播的方式时，你会意识到良好的强大的网络依赖于多样性，并且需要这种多样性。不管是不是谣言，网络都依赖于某个东西或某个人充当枢纽或节点以及他们依靠拥有的连接的强度和数量。这样无论是什么信息，都可以在他们之间跳跃和连接，就像我们的朋友蜜蜂在一朵花和另一朵花之间嗡嗡作响，进行传播。

当我在一栋政府大楼里参加一个清晨的早餐会时，我仍然对这个问题感到困惑。我检查外套时，注意到穿大衣的那个年轻女人看起来很沮丧，而且一般这么年轻的人不太会被很多人注意到。我和她聊了一会儿，她叫玛丽丝，是个大学毕业生。她没有人脉，也没有信心，脸上流露着失落。我问她是否愿意来为我工作一段时间，她同意了。

但这个故事并没有一个圆满的结局。玛丽丝确实来和我一起工作，但我很快意识到，她从来没有机会发展自己的软技能，上大学本应给她信心和良好的就业前景。我意识到我必须帮助她培养信心和连接，而不仅仅是提供原始的机会。通过这段经历，我们开始尝试一个更具雄心的社会资本项目。在这个项目中，我们与像玛丽丝这样的伦敦年轻人进行匹配，培养他们的信心和事业心，而不仅仅是带薪实习。我们开始探索硬币的两面发生了什么，称之为年轻的“学者”和导师。你猜怎么着？我们之间建立了富有成效、快乐和创造性的连接，看来人的多样性和异花授粉的效果很好。

现在，我们经营着一个名为“社会资本网络”的网络。其结构简单、对称且呈几何图形，我们在一年中将一名学者与我们的三名网络成员进行匹配，并要求导师分享他们所做的全部或半天的事情，以便这些软技能建立社会资本。该网络的一部分由我们的第一位学者山尼斯·希尔兹米尔斯负责管理。她之所以引起我们的注意，是因为她本能地理解了社会资本的力量和人格魅力，从而把自己房产上的困难扭转为胜。就这样，山尼斯把逆境变成了机遇，吸引了伦敦主要报纸《晚报》的兴趣。继而，花旗银行的一位高管发现了她的潜力，并介绍她参加了一个她在通信界其他地方认识的人开办的实习生项目。到目前为止，这个故事的座右铭应该是清楚的——异花授粉有效果，在团体中创造价值，在你周围有真正的多样性，多帮助别人，使用好人际网络。

# 5. 沙龙

> 无论主题是什么，咖啡馆的主要业务是以口头、书面和印刷的形式分享讨论新闻和观点；他们的顾客除了想要咖啡和烟草之外，还想要吸收信息。
>
> ——汤姆·斯丹迪奇

## 咖啡熔炉

全世界每年消耗的咖啡超过1000万吨。芬兰是饮用咖啡最多的国家，紧随其后的是瑞典和冰岛。根据国际咖啡组织的数据，美国和英国的排名低于瑞士、希腊和德国，但所有这些国家都喝得很多。我承认我自己也有点咖啡瘾。我喜欢很浓的欧式浓缩咖啡豆，磨碎后放在炉子上煮。像所有人一样，我把咖啡和谈话联系在一起。实际上，这对组合一直在一起，早在17世纪，咖啡馆就因其在伦敦的多元化会议和思想大熔炉而闻名。《经济学人》记者汤姆·斯丹迪奇在他关于社交媒体历史的书中说，咖啡店是一种实时社交媒体。

他引用了1673年出版的一本名为《咖啡屋的性格》的奇妙小册子中的对话："房间里的烟草味比硫黄地狱还要难闻。"当时的社交媒体明确表示只能当面传达谣言、新闻和意见。

今天的咖啡馆没有像交易大厅那样供人们交流新闻和观点的

公共桌子，更令人遗憾的是，如今，你在一家咖啡馆里看不到交谈，取而代之的是笔记本电脑键盘轻击声。17世纪的谈话习惯，也被称为沙龙，在21世纪迫切需要重新塑造，因为没有比它更好的方式来建立和培育人际网络。

历史学家西蒙·沙玛曾经对我表示过最高的赞扬（我认为是这样的），他称我为“关于女性的休息室”。这是指那些曾经在法国大私宅里举办沙龙的妇女们，与此同时，一种更普遍的交流如雨后春笋般遍布欧洲各大城市的咖啡馆。

## 退出会议

无意中，我竟成为一个职业沙龙分子，仅仅是因为我的成长和个性。虽然我确实像所有人一样经历过害羞，但我的性格肯定是外向的。当我还是个孩子的时候，我看着父母在家里定期举行非正式的晚餐聚会，也看着我祖母在她的公寓里招待朋友。聚会有食物、笑声、谈话、争论，人们热情友好，尽管他们也有共同点，但他们彼此不同。以前我给父母洗盘子的时候会得到一点零花钱，但最后徘徊在那里听故事、听笑声，并沉浸在20世纪70年代这些作家、思想家、艺术家在我家的氛围里。目前，我经营着一家类似移动咖啡馆的沙龙，名字叫“名字而不是数字”，召集了一个同样古怪的团体。沙龙的关键在于它们是很好的均衡器。我有一张女士的照片，她是我们中杰出的学者沙妮丝，在沙龙与作家玛格丽特·阿特伍德面对面交谈了一年，她很喜欢这张照片。我把她和一位才华横溢的昆虫专家布里奇特·尼科尔斯进行配对，后来阿特伍德给了她最高的评价，称之为“伟大的思想交叉授粉”。

会议业务总是以“网络饮料”为卖点，试图让人们相信这真的是一个巨大的沙龙，这是真的，但只是在某种程度上。当然会议业务也是巨大的行业，300亿美元是会议活动行业的规模。各国都在争夺会议业务，德国拥有世界上容量最大的会场，面积达50万平方米，参加会议的人中有三分之一去参加2500人以上的活动。这是为了证明派遣一个人的成本和出席时间成本是合理的，但与多达150个关系的数量相比，或者与我的那个需要面对面的沟通层次相比，这并不太管用。会议业务是一个很好的销售方式，有一些有用的网络，但如果你真的想建立网络，你需要一个更小的沙龙。

## 玛妮塔的餐桌

我将沙龙定义为一个小团体策划的聚会，每个人都能被看到、听到和记住。我在明尼阿波利斯遇到了一位非常鼓舞人心的女士，名叫玛妮塔·什罗德尔，她创建了一个名为“玛妮塔的餐桌”的组织，他们的目的是增加平等，减少距离上的差距。他们将经常意见相左的群体聚集在一起，通过讨论，一顿饭之后，大家就找到了克服这种差异的方法，从而实践了他们所谓的“激进的款待”。我经常和玛妮塔打很长时间的电话，谈论她如何将沙龙、社会资本规划和变革融合在一起。我喜欢玛妮塔的餐桌上举办的名为“开始对话”的晚会，他们通过邀请你“走出泡沫……与决策者、社区领袖和家庭成员接触，分享美味的跨文化盛宴”来筹集资金。

事实上，组织沙龙在很大程度上是一种六边形行动。它是符合包容和几何学的特点的，比如小型、形状、结构。沙龙让人们的思想互相交流，知识通过一种顺畅的方式流过彼此。信任的发展，就像一个六边形连接另一个六边形，是有机的、自然的、相当神奇的。

复杂性瘾君子是那些总是希望规模庞大和过程缓慢的人，喜欢大型的、非个人的会议。但问题是，你真的这么想吗？如果你没有，你会怎样做出选择？如果你属于一个读书团体，而且你已经在一个沙龙里了。如果你组织一次会面，那也很重要，和朋友出去吃饭也算是个沙龙，选择咖啡屋，而不是会议的方式，拥抱更多你可能没有意识到的事情，比如找到你的沙龙或创造一个沙龙。

## 6. 社交六人

本章最后一部分似乎很明显，因为我们已经为6号数字摆好了位置，但是考虑到有多少人与我们有联系，在任何特定的时间内，很难确定你的人际网络中对你真正重要的六个人。你最后一次思考这个问题是什么时候呢？也许，像我一样，你发现自己陷入了无休止的交流中，通过电子邮件、会议、沙龙或商讨会，从来没有真正停下来思考“我的个人基础是什么”。这一部分内容是关于为什么你应该停下来，盘点一下自己，并确定你自己的社交六人组。

## 非正式智囊团

我们知道政治顾问团以“非正式智囊团”（kitchen cabinet，总统的非正式顾问团，为总统出谋划策）而闻名，我觉得每个人都应该明白——拥有一个庞大的智囊团与拥有一个信任、亲密的小团队是不同的。在英国有一个有趣的故事，当时有一大群人成了“非正式智囊团”。在一次英国南极考察局关于为一艘船只命名的在线民意调查中，该话题上了热搜，对于这样一艘享有盛誉的船来说，最终获胜的名字相当奇怪——极地科考船。负责此事的政治家不得不改变了态度，将这艘船改名为“宏伟”号并将群众推选出来的名字用于一艘潜艇。小心你的愿望！这是一个很严肃的例子，如果你让太大的圈子进入一个本需要认真思考的事情，它会变得很复杂。所以将“非正式智囊团”改名为“社交六人”是个更好的主意。

## 完全数

让我们来重复一遍，6是数学上的一个“完美”数字，这一说法出现在大量文化和科学背景中，也许最重要的是，它低于我们工作记忆的最大限度（七项），因此是一个非常实用的数字。六边形行动归根结底就是要“保持真实”。

它不一定就是绝对的字面含义，当然，如果你有一个八口之家或九口之家，这些数字也都是不错的数字。而当你想把事情做完，或者你想依靠别人的时候，一旦开始超过六项，就没什么意义了。

就完美的组织来说，数字6的对称性很重要。人们通常先列三项优先事项，并将其贴上标签和组织起来。公司筹款人说董事会被分成三类，三分之一是主动的，三分之一是被动的，三分之一根本没有用。这似乎有点苛刻，但任何曾经在董事会或是一个大集团的人都知道，活跃和有用的人往往比整体人数少得多。换言之，你不必从六开始，但不要假设超过六个，否则就会陷入困境。

## 盘　点

“社交六人”回归清晰，如果你想完成某件事，你需要做一个决定。谁帮你做决定，或者你能指望谁来执行这个决定？我们在生活中会遇到成千上万的人。设想在这一生中，我们每天都会遇到同样数量的人，而不是在某个时间遇到的人特别多，随着年龄的增长而减少。所以，保守估计如果每年遇到500到1000人，我们往往从五岁开始记住遇到的有意义的人，女性的平均预期寿命是75岁，男性是70岁，算下来，这一生至少会遇到50000人左右。但我们不可能指望他们，就像在一次会议上我们可以和他们进行有意义的“交流”一样。想一下你的“社交六人”就像是一种关于你的生活或生活中的人的关键快照。这有助于你做出决定并变得清晰，同时也有助于你弄清楚在信息方面应该信任谁以及你可以真正和谁在一起。当然，这不一定是只有六个人的一张单子，可以标出他们的身份，如同事、家人、朋友或是你孩子学校的老师，作为你的社交六人，等等。

你也许能猜出我接下来要说什么：试试看，列一张六人清单。

## 六张巩固清单

**网络**

1. 在脸书的世界里面对面。沟通的层次结构让我们专注于在现实生活中我们需要花多少时间与人交流以及保持面对面这种沟通自然的价值。老实说，你是不是躲在屏幕后面的人际关系网中呢？尽管这可能更费时，但面对面才是真正的价值所在，它也会迫使你把精力放在最重要的事情上。

2. 记住，每个人都想成为一个名字，而不是一个数字。你认识的人和你的沟通方式不是基于关系的数量，而是基于质量。

3. 人际关系网，而不是网络。思考人际关系网的最佳方式是采用关系型思维，而不是事务型思维。不要想我能从中得到什么，而是我如何才能与某人建立联系。网络将从组织起来的较小的活动中产生，以优先考虑人员和内容。

4. 善于交际。通过成为社区的一部分来创造社会资本，因为这会让你们彼此加强。就像蜜蜂一样，我们依靠共同的专业知识茁壮成长，并利用群体智慧做出更好的决定。

5. 咖啡馆不是会议室。在小型的亲密的聚会中重现沙龙和咖啡馆，不要认为大型会议是一个很好的替代品，它们是不同的。

6. 社交六人。盘点一下，找出你的“社交六人”。在你的人际网络中，谁才是真正对你重要的人以及在你需要完成任务时可以依靠谁。

*第九章*

# 第六面：时间
# 像对待身体一样对待时间

世界上所有的罗盘都只有一个方向，时间是唯一的量度。

——汤姆·斯托帕德《罗森克兰茨和吉尔登斯特恩都死了》

我们不能拖延时间。当我问学生或听众168这个数字是什么意思时，他们往往一脸茫然，其实这是一周中的小时数，就好像我们已经被大量数据和数字无限地束缚着，以至于这样一个简单的、固定的数字反而让人感到困惑。但这就是现实，现代生活的复杂性侵蚀了时间，而不是让事情简单化。研究表明，互联网用户平均每天花6个小时上网，我们的时间都花在一些复杂的事情上，比如交流（全球每天交换2500亿封电子邮件）、搜索（每天50亿次谷歌搜索）、购物（我们每年花费超过35000亿美元）。而且这些时间还刨除了线下的社交及走路、聊天、上下班、吃饭和睡觉。是的，我们消磨时间的方式往往让旁观者很无助，因为沙漏计时器会在我们眼前滴下沙子。所以简单性的第六个也是最后一个方面是关于这个最珍贵、最有价值的时间。道理很简单，就是“把你的时间当你的身体一样对待”。而且因为时间很短，这一部分就太过刻意了。

简单性原则旨在通过关注重要的事情来帮助你充分利用时间。我们无法停止时间，但我们可以通过考虑以下因素简化时间问题，来控制我们如何处理时间问题：

1. 截止日期：掌控好截止日期和时间节点。

2. 时间表：做时间的守门人。

3. 时区：如何在地球村工作。

4. 干扰：经常设定边界并保持边界。

5. 生物钟：寻找适合自己的最佳时间。

6. 过去和现在：没有比现在更美好的时光了。

## 1. 截止日期

> 当你统治世界的时候，你会发现了解真相是极其困难的。你实在太忙了。
>
> ——尤瓦尔·赫拉利

### 季度业绩

科幻作家道格拉斯·亚当斯说他喜欢截止日期：“我喜欢它

们在走过去时发出的嗖嗖声。”我认为世界分为两类，一类是遵守期限的人，另一类是不遵守期限的人，比如总是守时的人和总是迟到的人。掌控且抓住时间可以说事关重大，截止日期很重要，因为它能让我们集中精力、维持状况。六边形行动的几何意义是测量和样式，所以总的来说，我也喜欢截止日期，我们很多人依靠它来完成任务。我发现它往往能让我把注意力集中在真正重要的事情上。你问任何一个优秀的记者他们是如何工作的，他们通常会说“截止日期”。但有很多人总是在最后期限前工作，而这根本不是我们所能控制的。企业一般都有周期报告，一个周期向股东汇报特定周期如季度内的工作及指标完成情况，他们在股市上的地位可能取决于此，但这一概念在各行各业都适用，并已成为主流。

在自然界中，我们站到树上就能看到远处的风景，树木也有季节性的最后期限，但总的时间框架要长得多。例如，大盆地猪鬃松至少可以追溯到4500年前。在科学和医学的帮助下，人类终于可以实现100年的寿命，但对于树木来说，这一寿命确实很短，它们没有季度业绩，根本没有任何期限。蜜蜂也没有明确的期限，但它们有周期、有节奏、有规律，但这不等于我们每一个人都必须遵守的这些不可实现的固定点。蜜蜂不断适应环境，而企业和那些与季度周期相关的企业正在做一些本质上不自然的事情，使得截止日期的想法变得有些人为。

下一代有目标的领导人会认识到这一点，当我们告别季度报告时代时，我就会知道已经发生变化了。

## 成长型股票

另一个衡量标准是：增长。在投资业务中，成长型股票是指长期持有并随着时间的推移而价值越来越高的股票。这意味着缩短期限和高增长收益顺应时间规律，沃伦·巴菲特就经常投资他能承受得起涨跌的股票。当我们确定自己的截止时间时，我们应该从这种股票中汲取教训。我们需要获得满足感，或者我们应该知道满足别人成功想法的速度有多快。截止时间是一种压力，不是每个人或每件事都能在压力下茁壮成长。截止时间是错误的，或快或慢的，都会带来给我们带来困扰，而不是效率。如果你想提高效率和成长，最后的时间很重要，但你必须运用判断力和我前面提到的一些特征，这样才能从中得到最好的结果。

## 时间轴

还有另一种期限我们需要警惕，那就是公司或职业政客的时间表。众所周知的选举周期通常会从根本上改变政策，而政策往往是为了迎合政治而不是人民，就连联合国秘书长安东尼诺·古特瑞斯也谈到了政治上的“信任缺失”。政治变得如此不被信任的原因之一是，过于简单的承诺是基于政治周期而不顾现实做出的。有些东西可能不需要4500年树龄，但它们总要几百天以上。正如思想家赛斯·高汀所说：我们专注于一天中做出短期的决定，而不是对岁月产生真正的认知。我们忽视了短期痛苦在获得长期满足方面所能带来的好处。这意味着，我们经常投资失败，转而选择捷径。

在我看来，简单性原则在这方面就是认清什么可以在现实中实现，从而正确地削减和集中精力，而不是把一切应用在非常不现实的地方。所以，任何时候，当你有一个截止时间或者一条时间线时，则暗示着一些不可能的事情为了达到这个目标而走捷径，我有一个词给你：避免。

## 2. 时间表

没有人会故意让别人投喂，除非他们无法养活自己。然而，在日常生活中，我们却经常失去对时间的控制或者把时间交给别人，这被称为时间表、日历或日记。但我发现，把简单性原则应用到我生活中的最好方法，就是尽我所能控制我自己的时间，包括我在线和离线的时间，是否开会的时间以及如何利用我的时间。我非常幸运，不是每个人都能做到这一点，这不仅仅是一个“时间贫乏”的例子，不是没有足够的时间，而是无法决定如何使用它。

在20世纪70年代进行的一项著名的研究中，研究人员让一组老年人在疗养院里养一些植物，同时让他们自由选择想看的电影观赏，并将他们在18个月内的死亡率与另一组没有任何控制的人进行比较。结果非常令人震惊，没有被控制的一组的老人们的死亡率是对照组的两倍。

在工作环境中，对时间掌控得更好就会带来更高的生产力。我对生产力的定义不仅仅是每小时产品的净产量，还包括动力、参与度和创造力。瑞典的一项研究表明，当你给员工一天六小时的时间来掌控他们的时间时，生病和压力导致的缺勤量平均减少了一半。所以，我觉得弹性和守时同样重要。

## 加　班

所有这些都意味着生活中新的财富不仅仅是金钱，也不仅仅是健康，还有时间。伦敦大学学院和芬兰职业健康研究所的研究发现，稍微加一点班并不是什么坏事。但是，一旦你明显超过了这一点时，心脏病或冠心病的发病率会增加60%，这是当别人控制我们的时间而让我们受苦的另一个指标。随着越来越多的人进入不稳定的就业市场，从零工时到自由职业者，这时每小时就显得都很重要。所以，当你决定简化你的时间时，首先要做的事情之一就是看看如何形成你的工作，你的时间模式是什么样的，你对无休止的奔波有着什么样的感受？例如，我从来不会同意这一个小时在城镇的这一边，而下一个小时就要去城镇的另一边。我经常在同一个地方连续举行会议，我会试着为我雇用或共事的任何人安排一段实际的时间让他们完成他们需要做的事情。我不喜欢加班，因为这通常意味着你在浪费自己和别人的时间，那不是一个好的工作模式。

## 为艰苦的工作添彩

每个人的工作要求各有差异，如果你在车间或工厂中工作，那么你的日程安排就不涉及开会，而是关于休假灵活性的问题。但越来越多的人并不是整天处在固定或有计划的环境中，而是以一种更加混合的方式从事着不同的工作。很多人靠自己打零工赚钱，研究表明，预计到2030年，美国将有多达一半的劳动力被归为自由职业者。2016年世界经济论坛发布的《未来就业报告》（*Future of Jobs*）指出，工作性质的变化和自由职业者将逐渐被列为最需要关注的群体。但不是每个人都适合做自由职业者，实际上成为这样的人是很困难的，因为你不仅要管理销售区，还要管理好你投入市场和推销自己的时间。

如果你真想这么做，我能给你的建议就是：从蜜蜂那里找线索，尽量多做些伸展，想象一下你的产品是蜂蜜或者蜜蜡，它们的用途从实用到药用不等。同样的成分会被重塑。创造它们所花费的时间是被人类占用的，并被制成人们喜欢和使用的东西。未来的自由职业者就是那只蜜蜂，识别自己的才能和技能并利用它们的创造性和有用的方式创造一种方法。当然，这需要运气，运气的一部分是时机。我的意思是，在你可以控制自己时间的地方好好利用它。如果这意味着你获得一项新的技能或资格，那就大胆地使用它。如果这意味着要参加塞思戈丁的在线自由职业者课程，那么就去做吧。在你的日程表中安排一些事情，如果可能的话，它们会给你一个甜蜜的回报。

## 3. 时区

这个世界不是一年365天全天候运行，至少还有24个主要时区，还有更多复杂的本地时区，仅俄罗斯就有22个时区。我们跟踪时区的方法是通过协调世界时（UTC）。因为古老，它是从我的家乡伦敦格林尼治测量的。当我在家里醒来时，我在印度的朋友们进入了傍晚，韩国和日本的同事们可能刚吃完晚饭，这使得现在的工作比以前复杂得多。

一家专门从事远程工作的公司发布了不同时区的礼仪指南，列出了五点建议，其中包括“设置世界时”，但我认为最重要的应该是“了解你同事的时间表”。当克洛诺斯（Kronos）的阿伦·艾因（Aron Ain）在印度成立人力资本管理软件公司时，他告诉我这是当务之急。比如说，华盛顿特区和新德里之间有超过一个工作日的时差——九个半小时。所以，当你在北美东海岸醒来，想给同事打电话时，就有一个问题：同事要睡觉了。当然，技术可以提供帮助，可以加入共享平台，并在时差时间内交流，而不是实时交流。当你要求别人“在场”时，你可以遵守通知他们的礼节。阿伦·艾因会定期前往印度亲自会见员工。他说：“我去了克洛诺斯在世界各地的办公室，做的第一件事就是去和办公室里的每个人打招呼。在印度，大约有1000名雇员，我花了整整一个上午的时间去握手问好。”

喜欢时间旅行的想法并不奇怪，因为它会使我们的生活变得更轻松。意大利理论物理学家卡洛·罗维利写了一篇精彩的文章，讲述了时间在某种意义上是如何不真实的，至少，“时间不存在初级阶段，它为我们而存在”。他的意思是，我们衡量时间的方式基本上是依靠我们头脑中的一个结构。物体移动的速度和我们及其他生物认知的快慢是截然不同的。非常明显，罗维利帮助我们理解了关于感觉的时区。他告诉卫报：有一层深厚的情感层，这让我们感受到时间的“流动”。“理解时间”这一问题的要点就是理顺结构和效果的一团混乱。

现在，让每个人都把时间、守时、时间管理的基本概念抛到脑后是一个很苛刻的要求，但这一理念很有说服力，它确实与向自然学习简单性原则的思想相联系。如果随着时间的推移，我们能认识到，我们对时间所有的想法不是完全错误的，但也没有触及整个真相，也许这会给我们带来希望，一旦我们改变了自己的观点，人类就能改变，帮助彼此做得更好、更不一样。正如我们现在对气候和自然的了解比以前更深入，就如同认识到蜜蜂的生存对人类的生存至关重要一样，我们仍然有时间来做一些关于我们如何珍惜时间本身的事情。

## 4. 干扰

### 浅与深

回到现实世界，我们一生中大约有三分之一的时间都在工作，算一下约等于10000天，在这时间里工作环境在以极快的速度发生变化。我们知道，我们面临着来自工作本身的巨大挑战，如人工智能、向自由职业的转变、从全职办公区到远程办公和协作空间的转变，但也许我们还要面对一个非常人性化的挑战：专注。还记得我前面讲过第一个方面关于注意力的问题吗？还记得它有多脆弱吗？记得我们要花20多分钟才能重新恢复注意力吗？打断是不好的，这不仅仅是关于睡眠周期的问题，这也许是我们每个人在工作中面临的最大的时间浪费。

我喜欢卡尔·纽波特的作品和他对“深度工作”的定义，即需要全神贯注的工作。他在著作《深度工作》中写道：“在现代生活中，单纯地等待和无聊已经成为一种新奇的体验，但从专注训练的角度来看，这是非常有价值的。”数字世界创造了许多肤浅的工作，从而让我们认为自己是可以一心多用的人。当我们想象我们在做简单的事情，但我们的工作量和我们的精神负荷却变得更加复杂。另一方面，深层次的工作其实就是我们关掉通知，关上办公室的门，戴上耳机，清理日程，集中注意力。

## 灵活性

在固定地点正式工作的时间可以是固定的。世界上很多大公司已经在灵活的联合办公室空间内拥有小部门。2019年，由于过度估值而在市场上失宠之前，WeWork 公司成为世界上最大的写字楼租户之一，拥有超过300多万平方米的办公用房。因为他们理解“自我管理式组织”的理念，即小比大更好。这几十年来，让人们在开放式办公室工作逐渐成为办公室设计的时尚，虽然并不一定适合所有的人，但我也认为我们都需要“灵活性”，即灵活地对待工作地点、工作时间和工作方式。

很多人喜欢在一个开放式的氛围中工作，这对商业是有好处的。创造力、头脑风暴和社会分享都是完成工作至关重要的因素。布鲁斯·戴斯利在《如何热爱工作》（*How to Love Work*）一书中写道：“耳机本质上是一种应对机制，它能帮助佩戴者避免分心，否则他们会经常被打断。”英国广告人罗里·萨瑟兰率先将行为改变科学应用于广告业，他非常清楚，我们在办公室的工作方式应该只是社交。他认为，想象我们在被别人包围的时候能够集中精神没有意义，闲聊和打发时间是很自然的事。如果你赶去办公室只是为了发发电子邮件，那么花几个小时在通勤上也毫无意义。顺便说一句，罗里预测，下一个巨大的数字化变革将是电子邮件运作方式的革命。他认为：当我们收到提醒时，并不意味着应该立即回复，甚至不意味着当我们写电子邮件时，它会立即发送，而应该以一种更高效、更具时效性和想象力的方式排队。这一点我完全同意。

## 5. 生物钟

对时间敏感是人类的本性。有一次，我几乎把打所有商务电话的时间都花在了一家价值数百万美元的全球企业的主管身上，讨论我们如何管理时差。（对我来说，在飞行前少吃、多喝水，但飞行期间要少喝水，抵达时要戴眼罩和吃褪黑激素。）在不同时区里表现出色的团队都认识到时间和时间旅行的实际影响确实很重要。当你面对时区的变化时，还要应对时断时续的犯红眼症，然后还要作为一个好父母或好配偶出现，但这些并不是提高生产力的良方，团队必须创造出反映身体和心理时钟的不同时区。

我们现在对昼夜节律的了解比以前多得多了，俗称生物钟。我们的内在时钟反映了在24小时内围绕太阳自转的情况。我们所有的新陈代谢、激素和关键功能都在波峰起伏中波动，而不是一刀切。例如，屡获殊荣的神经科学家莎拉·杰恩·布莱克莫尔揭示了青少年的大脑在青春期是如何发生变化的，说明了他们在学校的大部分教学时间里低效的原因。而西班牙维戈大学最近的研究表明，晚上服用降压药比早上服用更有效。

我读到的所有这些关于时间生物学和我们的身体及我们生物钟关系的研究的新证据表明，我们需要从根本上调整我们在体外管理时间的方式。越来越明显的是，每个人都需要在同一时间起床、上班，连吃饭、喝水、睡觉的节奏都一样，这是社会创造的一个过于简单化的解决方案。但它忽略了什么是真实。是的，这很复杂。那么，简单性原则如何适用于这个真正具有挑战性的时间问题呢？如果你意识到你在一天中的某个时间比其他时间都更高效，那就尽你所能去做。如果这意味着改变政策，让你能够更好地集中精力，为什么不呢？这在短期内可能很复杂，但请记住，在我的书中，短期重要度低于长期，而长期的解决方案应该建立在简单的基础上。

所有的轮班工作、工作场所、工作时区和工作周都在这里。我们对人类的运作方式了解得越多，就越能适应机器来帮助我们，就像帮助工人在不同的时区进行交流的程序一样，我们也就越能改变自己的行为来适应新的现实。简单性原则除了保持简单之外，还向大自然学习。简单来说，通过观察时间和生物钟，我们的内在时间表和外部的任何事情都一样重要，我们的生产力危机和压力危机的问题也许可以得到解决。

## 6.过去和现在

> 过去不同于未来。前进是有意义的，后退没有意义。
>
> ——卡洛·罗韦利

我们知道没有比现在更好的时间了。有一句很棒的拉丁短语，“抓住现在”（Carpe diem）。这是一个简单性原则短语，就像耐克广告中的“就这么做”（Just Do It）。这是有道理的，它降低了复杂性。但是放弃过去很难，我们就在很多方面仍然受过去所影响。

我们仍然每天工作八个小时，尽管对大多数人来说，我们的时间和生活是一个永无止境的数字循环。那么我们可以以截然不同的方式生活和工作吗？学者朱迪·瓦克曼在她的《时间紧迫》一书中说，智能手机已经成为“典型的时空压缩机制”。她指出，数字设备节省时间，但也消耗时间。所以，我们要完全沉浸在当下或者想象未来，想象是人类真正擅长的，我们需要放下过去，或者至少想象一下它不必被复制。我写了一本关于如何在工作中改变生活的随笔，名叫《当下》，其中一篇文章是由德国专家斯特菲·伯克哈特撰写的，他写道：在过去，资本、技术和资源（如石油和天然气）的可用性是最重要的增长动力，但除了实时获得的信息、数据和知识以外，人力资源才是未来最稀缺的资源。

他指的是人力资本、人力资源，或者我们现在所说的人才。

事实很简单，人才很重要，因为那是人。我们现在必须审视我们自己，把简单性原则应用到我们的生活中。这意味着要摒弃那些关于工作效率的旧观念和那些断断续续的计时，更多地关注创造力和好奇心的能力。它关系到我们如何休息和重置以及我们如何学习和理解我们的极限，如何遏制信息不对称，如何建立关系。过去可以教会我们很多，但我们只能对现在做出反应，像蜜蜂一样用跳摇摆舞的方式告诉对方花粉在哪里，不是在昨天，而是现在发生了什么。

我已故的哥哥乔斯告诉我要“保持深呼吸”，尽管我在他肺癌去世五年后才完成了这本书，但他仍然和我在一起，他留在我心里，所以他就在我身边。他活着的时候经营着一家剧团，把跨越历史的戏剧带回到当代。他称他的剧团为“当下时刻”。这是一个简单的指示：为今天而活。你想活在明天没有错，但先要活在当下。

## 六张巩固清单

**时间**

1. 不要做最后期限。除非你自己设置，常常质疑最后期限和时间表。是真的吗，应该这样做吗，还是有别的办法？

2. 控制你的日历。时间是宝贵的资源，需要积极管理。尽你所能控制如何使用它带来的更高的生产力。

3. 进入时区。弄清楚你的实时区域是什么，当你的工作效率最高时，你是否需要尝试重组？

4. 遵守你的生物钟。了解你的身体在告诉你该如何打发时间。在往外看之前，不要害怕往里看。

5. 办公室是水冷却器。除非有必要，否则不要为办公室操心。在需要工作的地方工作，如果是与互联网相关的，要经常与同事有社交活动。

6. 活在当下。不要浪费时间，用过去的经验来衡量你现在或下一步的表现。关注你现在的生活和需求并付诸行动。

# 第三部分

# 六边形作用

*第十章*

# 六边形思想家

现在我希望你已经掌握了六边形行动的诀窍，至少在原则上是这样。我想向你们展示六个人的成就，他们对我来说，体现了六边形行动的六种实现专注和生产力的方法，因此，我称他们为六边形思想家。

让我为那些没有读过前面章节，而直接翻到这里的读者回顾一下，简单原则就是尽可能让事情变得精简和集中，从而减少复杂性。它取决于找到规律。

从厨师到气候变化的倡导者，这些六边形思想家还活在你在本书第二部分中看到的六个方面的部分或全部：清晰、个性、重置能力以及对知识、网络和时间的把握，他们都是以一种突破复杂性、实现简单化的方式解决问题，实现了一种专注且高效的简单性。我希望他们会引发你自己的思考。现在让我给大家介绍一下：

1. 马西莫 · 博图拉。

2. 菲斯 · 奥希尔。

3. 萨蒂什 · 库马尔。

4. 阿里安娜 · 赫芬顿。

5. 杰西卡 · 莫里斯。

6. 格蕾塔 · 桑伯格。

## 1. 马西莫 · 博图拉

马西莫 · 博图拉是一名意大利厨师，他的意大利摩德纳（Osteria Francescana）餐厅位于意大利艾米利亚-罗马涅大区，以帕马森奶酪、帕尔玛火腿和最好的香醋闻名，被列为世界顶级餐厅之一。他本人是为数不多的全球顶级厨师中的一员，也是六边形行动的实践者之一，在高级烹饪界，每个人都听说过他，坦率地说都崇拜他。巧的是，他的突破始于“六个玉米饼走进肉汤”的六个主题菜。

马西莫既是一名厨师，也是一名艺术家。他的使命一直是将意大利厨房里的“祖母”烹饪（特别是自制意大利面食）基础改造成现代风格。只有一个问题：当他开始工作的时候，也就是20世纪80年代，他面临着来自意大利顾客的巨大阻力。大家想要用古老方式做意大利千层面，所以起初他没有顾客，人们抵制他的餐馆。他说，有一段时间，他意识到必须接受自己的创造性和个性，即使这意味着在这一过程中让所有人都感到震惊，而坚持己见最好的办法就是用一种非常新颖和个性化的方式制作出一道永恒的意大利菜。因此，“六个玉米饼走进肉汤”转变为用一大碗热气腾腾的自制意大利面团装满肉，把六个小玉米饼放在一块木板上，沿着直线朝着一碗肉汤走去。

这样做有几个效果，首先，这表明马西莫并没有逃避批评。事实上，在那之后大家蜂拥而至，引领了对经典菜肴高度原创的新风向。例如，千层面就变成了“千层面松脆部分”，类似于厨师所说的“你想要的脆焦的一角，永远是千层面中最好的部分”。最后，经过几年的努力，大家都感受到了他的天才之处，而当时他的餐厅声誉审查也获得了一个很好的评价。

意大利摩德纳拥有三颗米其林之星，并于2018年在全球五十家最佳餐厅排行榜上占据首位。马西莫·博图拉将创意放在餐厅食物的核心，使用来自大自然的最佳原料，一切都很美味。那么哪一个六边形物体能让我联想起马西莫·博图拉呢？是杯子。

## 2. 菲斯·奥希尔

菲斯·奥希尔是国际免疫学联合会主席，她是第一位当选的非洲女性。她还是一位多次获奖的肯尼亚科学家、一位母亲，也是牛津大学疟疾免疫学教授。她研究人类如何获得对疟疾的免疫力，以便开发出一种新的、更有效的疫苗，希望能一劳永逸地根除这一古老而具有毁灭性的疾病。她说她“喜欢简化科学，并将其传达给不同的受众”。她是一名TED成员，她的演讲《更好的疟疾疫苗的关键》已经有超过150万人次的观看量。

菲斯对简单的关注是她成为六边形思想家的原因之一。在TED演讲中，她认为，虽然来自先进成像和生物组学平台技术让我们更清楚地了解了寄生虫到底有多复杂，但目前疫苗设计的主流方法仍处于初级阶段。为了制造出更有效的疫苗，我们必须回到基础上来，我们需要观察大自然，了解我们的身体是如何应对这种复杂性的。正如她所说，我们需要将“尖端技术与百年洞见结合起来”。她的团队试图了解那些经常感染疟疾的人是如何获得免疫力的。他们的研究试图在迄今所学知识的基础上进行并加以改进（我们的知识公理之一），其方法是“将30年的研究成果压缩成一个为期三个月的实验”。这是由一个简单的问题所驱动的：一个成功的抗体反应是什么样子的？她的团队鉴定出了200多种蛋白质，其中许多蛋白质在疟疾疫苗中并不存在，他们相信这些蛋白质“能为我们通过疫苗接种，创造治愈疟疾历史提供必要的突破”。

是强烈的使命感驱使着她，因为她提醒我们，治疗疟疾“将每年拯救50万人的生命”，据估计，疟疾每年给非洲造成120亿美元的损失，这就是经济学。

菲斯也支持多样性，她是一个寻求将其他人带到身边的领导者，这也是她体现六边形行动的另一个原因。她热衷于激励和培养非洲人的能力，致力于“参与国际科学和领导力”以及“持续提供所需的干预措施”。她还倡导智慧合作和思想分享，事实上，她领导了南南疟疾抗原研究伙伴关系，这是一个“以协作为中心的非洲科学家网络，旨在共享资源和集体专业知识，以加速寻找高效疟疾疫苗”。

菲斯·奥希尔让人联想到的六边形物体是蜻蜓眼，蜻蜓的每只复眼都是六边形的，几乎多达30000个六角形面环绕着它的头部，让它的上面和下面都可以拥有一个非常广阔的视野。全神贯注的科学家需要蜻蜓般的姿态和眼睛，就像菲斯·奥希尔一样！

## 3. 萨蒂什·库马尔

“当你认为你需要按下按钮时，停下来喝一杯茶。”

20世纪70年代，印度和平活动家萨蒂什·库马尔在一次历史性的“和平漫步”中，向新德里、莫斯科、巴黎、伦敦和华盛顿特区的领导人说出了这句话。他是如今环境下激进主义中的异类，性格简单明了，行为正直。萨蒂什·库马尔出生于印度的拉贾斯坦邦，九岁时他离开家，成为一名耆那僧侣，四处传播俭朴生活的理念。当我遇见他时，他已经是一个生活在英国的，70多岁的世界著名人物，他非常谦虚，非常精神。在山顶的一次静修中，他为我组织的一群人讲述了他著名的“和平漫步”。

尽管出身卑微，但当年的萨蒂什·库马尔受到改变世界启发和鼓舞，还是决心以徒步环游世界的方式宣扬和平。于是，当时才20多岁的萨蒂什和一个朋友一起，踏上了12000公里的和平朝圣之旅，他们没有钱，完全依靠陌生人的善良施舍和好客。

你能想象他们走得比车站还远吗？他们从印度徒步出发，终点是美国，途经莫斯科、伦敦和巴黎，为当时世界四大国的领导人送上一小包“和平茶”。

“我穿坏了八双鞋，脚上磨起很多水泡，膝盖疼痛，爬了海拔3000多米的高山，然后又下来，然后再爬上去，非常痛苦，还有饥饿伴随。”他在一次采访中这样说。

当他50多岁的时候，他在英国进行了3000公里的徒步旅行，到了他能到达的所有圣地，以庆祝爱和自然。所以在这里，我把萨蒂什列为六边形的思想家是显而易见的，他崇尚简单和自然的联系。关于简单本身，他最近的一本书叫《优雅的简单》。他写道：当我和朋友梅农在和平之旅中从印度越过边境到巴基斯坦时，我说，如果我们以印度人的身份去，我们会遇到巴基斯坦人、俄罗斯人或美国人。但这些都是给我们贴标签的东西，我只想作为一个普通的人，那么无论我去哪里，我都会遇到人类，我就能和他们所有人交朋友了。

关于自然，萨蒂什说：“我们是地球共同体的一部分。树是我们的亲人，天空中飞翔的鸟儿、蜜蜂和黄蜂、蝴蝶和蛇、老虎和大象都是我们的亲人。”

萨蒂什·库马尔的六边形代表物一定是熔岩柱，从日本到爱尔兰的世界各地形成的巨大的玄武岩六边形，这是热熔岩冷却的结果。萨蒂什的任务是向世界各地传播冷却和冷静，这是他特殊形式的六边形行动的正确比喻。

## 4. 阿里安娜·赫芬顿

我第一次见到阿里安娜·赫芬顿是在纽约，那是在我的书《完全连接》出版后，我们认识后很快就很聊得来。我和我十几岁的女儿在一起，注意到阿里安娜对她非常感兴趣和关注，这是一件慷慨的事。我们不停地谈论关于幸福的想法，她问我是否愿意成为她新的幸福和生产力平台《全球茁壮成长》（*Thrive Global*）的主编，我立刻同意了。我女儿很难对别人有深刻印象，但事后她以一种青少年的方式告诉我："我觉得那是一次很好的会面，妈妈。"

任何见过阿里安娜·赫芬顿的人都会这样认为，她是一个强有力的人物，用她的魅力和影响力扭转一些非常棘手的问题。她也是一个博学且兴趣多样的人。事实上，她就是一只非常勤奋的人形蜜蜂，而且她不是一只被保护的蚩蜂，是社群性的建筑师。她喜欢将不同的人和想法联系起来，喜欢从政治到商业再到健康交叉传播。在她的职业生涯中，这位魅力四射的希腊裔美国人、剑桥大学的女权主义者一直倡导灵性主义、环保主义和艺术。她经常出现在《时代》杂志100位最具影响力人物和福布斯最具影响力女性等世界"头号人物"榜单上。

在建立了非常成功的赫芬顿邮报博客平台之后，她转向了发展全球合作的福利、健康和生产力领域，并开始撰写畅销书，在这之前她的书在书店的特殊兴趣领域的销量一直萎靡不振。《全球茁壮成长》是第一本把“永远在线”和“数字过载”这两个问题放在一起讨论的主要书籍，她建议我们大家以一点不同的方式思考自己的生活。接着她发起了睡眠革命，引发了一场巨大的持续运动、新的研究和一种全球意识，即睡眠是所有身心健康的基础。简单的六个方面，清晰、个性、重置、知识、网络和时间都是她在书中提到的工作，以及对六个六边形行动的优先事项简单地切入，连接到我们的自我和精神世界。她网站的多种功能但布局精美的几何图形，都与六边形行动本身同步。她的六边形物体是什么呢？当然是蜂巢。最终的六边形就是蜂巢，它被精心地组合在一起，蜜蜂生态系统的所有魔力和秘密都蕴藏在蜂巢中。

## 5. 杰西卡·莫里斯

杰西卡·莫里斯是一位50多岁的英国妇女，她从事通信工作，抚养家庭，直到有一天，外出远足时突然晕倒。她被诊断出患有最致命的脑癌——胶质母细胞瘤。对她的家人和像我这样的朋友来说，这是毁灭性的打击。但手术后的几周内，杰西卡又恢复了战斗状态，她宣称自己将毕生致力于“将胶质母细胞瘤从晚期转为可治疗”并为患者和一个名为“我们的智库”的非营利组织建立第一个多形性胶质母细胞瘤（GBM）[①]患者数据收集应用

① 多形性胶质母细胞瘤（GBM）是成人中最常见和最致命的恶性原发性脑肿瘤，并且是被称为神经胶质瘤的一组肿瘤之一。——译者注

程序。她开了个博客，创办了一个脸书群组。从那以后，她不仅开始为筹集资金而活动，而且也开始为最高级别的政策改革而奔走。

“我们的智库”的核心在于社会健康即数字时代的功能联系。具体来说，就是要确保知识、网络和时间能够很好地结合在一起。杰西卡意识到，不仅一些关于临床试验和治疗的知识没有传到患者的手中，而且他们每天不断变化的症状和治疗反应中的重要信息也没有有效地传达给医生。这也是在一个关于临床状况本身压倒性信息背景下进行的。因此，“我们的智库”网络已经被用来澄清、简化和传达病人之间的信息，并成为他们的护理人员和医生之间有用的方式。大多数GBM患者都非常缺乏时间，杰西卡只有很少的时间撰文和帮助其他患者，但她利用这个事实来推动自己的努力和周围的人付诸行动，她有沟通和竞选的天赋，并且敏锐地意识到脑癌科学每天都在变化的事实。

我要说，杰西卡是终极的非营利活动家，是每个国家每个城市每一个非营利组织的英雄。她既是蜂后又是工蜂，每个人都为她努力奋斗，因为她是如此独特。然而，她卷起袖子，常常在手术后几天内，咆哮着回来。她想改变癌症的气候，不仅是她的癌症，还有所有的癌症。她从侧面非常精确地思考如何做到这一点：她所做的每件事都融合了几何学、模式、焦点和生产力，还有创造力和好奇心。她的六边形物体是什么呢？一定是碳的分子结构，虽然碳本身不是六边形，但它形成了几乎不可破坏的碳复合物形式，如石墨和钻石，如果没有这种结构，包括人类在内的大多数有机生命都将丧失。

## 6. 格蕾塔·桑伯格

近几年，有一张新闻图片——一个年轻的瑞典女学生，梳着辫子坐在人行道上，身后贴着一个标语牌，上面写着“学校为气候罢工”（Skolstrejk föor Klimatet）。

这张照片改变了气候变化的格局，并推动了各国领导人、各大媒体、各国的青年对气候变化的关注及活动的发展。正是这种与自然的深厚联系和保护自然的灵感，使格蕾塔·桑伯格成为一位六边形思想家。

她的论点很简单，一点都不复杂。正如她在脸书上所写的：是的，气候危机是我们所面临的最复杂的问题。我们需要停止温室气体的排放。在生存问题上没有灰色地带。

所以，第一个原因是环境和她对自然的承诺；第二个原因是她的清晰果断和她的论点的简单性；第三是她的神经多样性，是关于个性的简单六公理的一部分。她是全球第一位神经多样性的人物，将自己的差异置于舞台的中心。事实上，在脸书同一篇帖子中，她将自己的阿斯伯格症诊断称为“一份礼物”，并说：如果我是一个“正常的”和社会性的人，我会参加一个组织或者自己创办一个组织。但因为我不太擅长社交，所以我就这么做了。

格蕾塔·桑伯格代表了个性、真实性和无所畏惧。正如她所说："我只在我认为有必要的时候才发言，现在就是这样的时刻之一，耳语有时比喊叫更响亮。"

格蕾塔·桑伯格被《时代》杂志评为2019年度人物，她并没有按照一些人的要求成为他们眼中的全球女英雄，但与六边形本身相似，她被证明具有非常强大的抵抗力。还记得石墨是钢的200倍强吗，"格蕾塔效应"是以她的名字命名的，以彰显她影响力的强大。例如，瑞典铁路公司宣布，由于担心飞行产生的二氧化碳排放，铁路运输量增加了8%，并在地面上贴上了一个新的标签，以阻止空中旅行。如果蜜蜂能活动，它们会不会也是这样来对抗杀虫剂？它们也许需要自己的格蕾塔。我想，代表她的六边形物体应该是雪花：高度敏感、个性、非常独特。

## *第十一章*

## 做蜜蜂
## 复杂世界中的角色和责任

> 蜜蜂吮吸的地方，我吮吸的地方，
> 我躺在牛仔的铃铛里。
> 猫头鹰哭的时候，我躺在那里，
> 我在蝙蝠的背上飞翔。
> 快乐地过了夏天。
> 快乐，我将快乐地生活在
> 树枝上的花丛下。
>
> ——暴风雨中的阿里尔

当我开始研究这本书的时候，大部分时间我都住在威尔士中部布雷肯灯塔中间的小屋里，那里的蜜蜂在窗外的金银花和野生薰衣草中喝水，窗外还有丰满的威尔士牛羊放牧的草地。我去了当地的小镇海安怀伊，那里有世界上最大的二手书店，我的良师益友玛雅·安杰洛曾多次参加著名的图书节。我偶然发现了一个关于蜜蜂的旧书宝库，我承认，我对蜜蜂如何酿蜜不太感兴趣，所以避开了有关如何成为养蜂人的书。相反，我想知道蜜蜂的行为，它们是如何生活的，它们扮演什么角色？于是我遇到了一本真正的好书，这本书写于1939年，作者是朱利安·弗朗松，除了这本好书，我找不到任何关于他的痕迹。他讲述了蜜蜂觅食时的情况：太阳一升到山顶，因为它们害怕寒冷和暴风雨，所以如果天气没有威胁的话，它们就会从蜂巢里飞出来，向花朵扑去，它们的任务就是收集花蜜和花粉。

我们很多人都熟悉这种感觉，在家里或办公室里投入一项任务中，无论是国内的还是专业的，几乎都是自动化的。蜜蜂和我们一样，每小时、每天，不间断地做着一系列相当容易辨认的事情。

让我集中谈谈它们的六项核心职能：

1. 它们创造和培育生命。

2. 蜜蜂在它们生活和工作的地方建造和修理。

3. 蜜蜂收集用来制造和储存产品的物品。

4. 蜜蜂允许其他生物繁衍生息（异花授粉）。

5. 它们工作非常努力，效率很高，但它们也会休息和补充能量。

6. 最后，因为它们也是群居物种，所以它们会交流，尽管是无言的。

## 角色扮演

每只蜜蜂，尽管只有一套有限的功能和技能，但比我们想象的更具个性化。当然，单是蜜蜂的种类就有两万种，随着对白蚁等其他群居昆虫的研究，我们发现它们甚至具有我们刚刚发现的个体行为特征。

事实证明，白蚁并非每只都勤劳。一些在红外线监视下的白蚁可以礼貌地被称为懒虫，而另一些则是工作狂，这听起来熟悉吗？

蜜蜂确实有固定的角色。一个蜂巢只有一只蜂后、数万只雌性工蜂和数量较少的雄蜂，它们都身负只有它们才能做的任务。例如，蜂后产卵、工蜂们执行各种各样的任务，从在六角形蜂箱中保持孵卵细胞的温暖到外出在田里觅食，再回来跳摇摆舞。跳摇摆舞是蜜蜂的重要技能。它们把在触角上收集到的所有信息传递给其他蜜蜂，告诉它们最近的花粉储存地有多远以及确切的位置。

当我指导人们进行职业转型时，我经常要求他们确定自己在下一个人生阶段可以扮演的，非常具体的角色。他们常常显得茫然或害怕，我试着告诉他们，确定自己能做什么是很有帮助的。

1. **摇摆者：**摇摆是一种非常好的技能。讽刺的是我是一个糟糕的舞者，但我还是希望自己可以成为一个摇摆者。如果一个人善于沟通，这可能意味着他在任何方面都有能力，从演讲到内部沟通，或者也意味着他有很好的人际交往能力。如果你能被信任和倾听，你就能传达和储存对所有人都有价值的重要信息。

2. **蜂后（或领袖）：**我们以为对蜂后很了解，但有趣的是，与这个词的文化联系是负面的：作为一只“蜂后”就是要冷漠、有气派，不成群结队，还要有权力。如果将此转化为领导力的话，你是那种与你的团队联系在一起的领导者吗？如果团队由你领导，那么你想激发成员们的忠诚并不容易，这是因为你受到尊重，而且你被认为是团队生存的关键。

**3. 觅食者：**蜜蜂们出去寻找蜂蜜，它们让我想起了销售、开发或招聘的人，他们必须走出去拉业务。你是一个觅食者还是其他人需要在你的生活中扮演这个角色？这是一个特别有价值的问题，你又是否是一个自由职业者或是有一个发展投资组合的职业生涯？我所指导和教导的许多人都被工作所迫，成为觅食者，而他们一点也不愿意这样做。但无论如何，人们都需要像蜜蜂一样学会觅食。

**4. 传粉者：**蜜蜂通过给数百万种花和农作物授粉来创造我们的大部分食物。没有它们，人类将难以生存。从人类的角度来看，那些能够交叉传播思想、灵活变通、参与网络理论中所谓的“跨越边界”的人都是社会中非常有价值的成员。他们的主要使命，就是传播、收集和混合。

**5. 工蜂：**工蜂是交货的主要驱动力。工蜂用自己的身体产生的蜡制造蜂巢，收集所有用来酿蜜的花蜜，无怨无悔地去做它们该做的事。事实上，有一点常常被我们忽视，工蜂实际上是生产的中心。这意味着，它们是蜂巢的生产力。如果你能清楚地知道你是如何做出贡献的，你在创造你所属组织的产品中的角色是什么，那就是你的价值，纯粹而简单。

6. **管家：**蜜蜂特别擅长管家，这也是它们如此高产的一个原因：没有什么东西浪费，都被回收了。工蜂照料卵和幼虫、饲养幼蜂、清理蜂巢、清除死蜂和其他杂物、保卫蜂巢、喂养蜂后。如果你的角色是房子的管家，这就是“办公室主任”的职责，有一个很好的说法：监督。

很明显，我们人类和微小的、长着斑纹的、喜欢花蜜的群居动物有着巨大的区别。我不想让你把“做蜜蜂吧，亲爱的”这句话说得太直白。但是，它们在不同角色中的组织方式以及它们的社会本质意味着，如果我们真的要应用简单性原则，并学会保持简单和向大自然学习，那么它们就是我们可以寻找和学习的物种。

我希望这一章和你迄今为止所读到的所有内容，都能让你走出去寻找一种新的、更好的生活方式。

# 第十二章
# 六张巩固清单+六个想法

## 六张巩固清单

他们说，熟能生巧。除了六边形的边数之外，数字6最好的地方在于它在数学上是“完美的”。所以，练习你的六边形行动，你会发现什么是最适合你的，而且能用简单性原则来测试你自己的生活。

这一章提供了一些注重行动的观点。毕竟，关键在于你做什么，而不是你说什么。首先，我们回顾一下简单性的六个方面及其六个巩固。

### 1. 清晰

清晰的公理是“清澈透明简单”。没有什么比混乱更糟糕的了，它会带来延迟、沟通错误和不信任。当你对某件事很清楚的时候，别人就会明白，所以说清楚是一种慷慨的行为。不清楚往往会产生连锁反应，例如，它会影响到你的人际关系网络，更会严重影响知识和信息的流动。

清晰的六个核心要素是决策、注意力、目标、习惯、界限和我所说的内务管理。对我来说，最能说明清晰度的六边形是朗斯代尔钻石，由于六边形晶格和无定形碳成分，它有着地球上最坚硬的结构之一。

## 清晰的六张巩固清单

（1）防止决策疲劳。把你的决定记下来，用六边形的动作来做决定。

（2）留心注意力！你滚动得越多，你失去的23分15秒的注意力就越少。避免无限滚动。

（3）设置一个“科技安息日”。固定一段物理时间而不是数码时间，使这一天，哪怕是这一天的某一段时间作为你的“科技安息日”。尽管开始一个新的习惯会打破另一个习惯，但观察你所有习惯并欣然接受它们。

（4）生产力之谜。你有效率吗？如果没有，为什么没有呢？目标是关键吗？

（5）只是说“不”。选择你要说的，不要害怕说“不”。边界是件好事情！

（6）建立井然有序的思维模式。即使这意味着需要你重新整理那些乱七八糟的事情，但你要清楚的是，当你需要某个东西的时候你能立刻找到它。

## 2. 个性

“个性”的六个字公理是“人应优于机器”。在数字时代，我们必须更加努力地工作，以了解人类停止和机器启动的位置，这就带来了巨大的焦虑和困惑，同时也带来了机遇。帮助我们在艰难多变的时代保持稳定和稳固的六个方面的因素是身份、数字自我、神经多样性、创造力、完整性和敏锐的位置感。六边形物体当然是雪花了：简直没有两片雪花是完全相同的。

### 个性的六张巩固清单

（1）成为雪花。重拾“雪花”的概念，不要把敏感性、神经多样性看作是一个消极的、有政治动机的概念，而是一个基于现实、同情和包容差异的概念。

（2）做真正有创造力的自己。记住，你在网上的身份并不完全是同一个人，真正的你才是最需要保持联系的人。即使在日常生活中，也要保持你的创造力。

（3）警惕群体思维。我们都想有归属感，但是盲目地追随别人的所作所为会导致一种封闭而非开放的心态。要知道，你可以和其他人持有不同的观点。

（4）做首席幸福官。问问你自己，是否能成为一个激励和捍卫幸福的人，因为你自己就是幸福的化身。用创造力引导幸福。

（5）要诚实正直。我们常常害怕独立自主，不敢把头抬过栏杆。结果呢？我们陷入了一张错综复杂的网络。记住3C：大声说出来（Calling it out）、同情（Compassion）、妥协（Compromise）。这其实是务实和以真实为中心，“让我们这样做吧”。

（6）知道你的位置。蜜蜂总是回家或建一个新家。蜜蜂的位置感在它们生活和外出的地方都是非常强烈的。我们的工作地点和家两者之间的距离，行程的简单性和安排的合理性非常重要。

## 3. 重置

哪六个字最能概括这个重要的人生秘诀呢？“大脑需要休息”。我们知道很多关于睡眠的知识，但休息和重置完全不是一回事。这种席卷全球的压力流行病，要归功于“永远在线”的文化。我强调的六个解决方法是释放、放松、好奇、自然、呼吸和乐趣。什么物品最容易让人联想到重置？对我来说，一定是被罩，那是一种美丽的艺术和工艺品，很多被罩会将六角形放在图案的中心位置。

### 重置的六张巩固清单

（1）设置为零。睡眠是至关重要的，但更广义上的重置也是如此。当你刚醒或醒着的时候，你的充电方式是你自己可以掌握的。确定什么对你有效，以便把你的紧张程度恢复到零。

（2）无意识。找到适合你的方法获得宁静，关掉电源、保持安静，无论是字面上的意思或打个比方。冥想也许是你的方式，但别人不一定适合。找到能帮助你重置或能激发你创造力的事情。

（3）主动休息。寻找风景的变化，让你的好奇心激发你的想法、灵感和能量。注意正在发生的事，无论你在哪里，都要做一名游客，然后重新集中注意力。

（4）去蜜蜂和树在的地方。大自然就像伟大的再平衡器，重新连接大自然的节奏，当你连接到，请注意对比。

（5）深呼吸、喘口气。有时我们需要快速复位，而不是完全关闭。当事情变得紧张的时候，培养一些技巧，通过专注呼吸让自己平静下来或者休息一下，可以独自进行，也可以做集体式的重新调整。

（6）找一个足球。找到你能做的一些活动，当然一定要是有趣的活动。如果你在一天中没有微笑或大笑，那你这一天可过得还不够！

## 4.知识

这里的六个字规则是“避免信息臃肿”。我把我们在数字时代如何管理彼此之间的联系称为社会健康。正如我们已经学会通过饮食和锻炼来管理身心健康一样。我们现在必须明白，人类正处于一场数字化信息时代的流行病之中，这带来了一系列的社会健康问题。战胜信息过于臃肿的六种方法是信任、智慧、已知的未知、学习、策划和记忆。哪种六边形最能表达这个公理？一定是土星的六边形，也就是围绕着土星的非同寻常且无法解释的云状图案，土星是距离太阳从近到远的第六颗行星。

## 知识的六张巩固清单

（1）优先考虑信任。要从虚构中破译事实，尽量保持简单。首先要问是否有比眼前所见的更多的东西，你是不是因为相信它而故意蒙蔽了双眼？退一步说，如果你能追踪到知识的来源，你能信任它吗？

（2）使用你的触角。智慧是经验、感情和知识的结合。像蜜蜂一样，用你的触角，用你的第六感，放到桌子上，可以是办公室的桌子、咖啡柜台或者会议室，带上你已经知道的。

（3）寻找已知的未知。如果可以的话，想象并预测已知的未知，接受那些已知的未知……但不要忽略了你终究能做点什么的可能性。

（4）加入软技能革命。复习你的硬技能和技术技能，但不要忽视软技能。你能很好地洽谈、交流，表现出你的同情心吗？

（5）使用知识仪表盘。切断TMI的脂肪组织，也就是“信息肥胖症”，同时也提供对社会健康和身体健康至关重要的多样性和差异性。

（6）避免复杂曲线。把注意力集中在你需要知道和能记住的事情上，不要超过你的认知负荷，不要把复杂的事情抛给自己。

## 5. 网络

这个至关重要的要素有一条显而易见的道理：“多样化更重要”。如何通过专注于这一领域来获得简单性，有大量的知识需要了解，因为网络支撑着自然界和技术中的一切。我们了解得越多，就越能创建自己丰富的网络。这里的六个方面包含了沟通、超个体、网络、社会资本、沙龙和社会六人。我选择什么作为网络六边形？就是蜂房。蜜蜂是简单和六边形行动的典型物种，蜂房内的蜂室是由六边形组成的，蜂巢的兴旺正是因为它独特的六角形蜂室结构。

### 网络的六张巩固清单

（1）在脸书世界里面对面。沟通的层次结构让我们专注于在现实生活中我们需要花多少时间与人交流以及保持面对面这种沟通自然的价值。老实说，你是不是躲在屏幕后面的人际关系网中呢？尽管这更费时，但面对面才是真正的价值所在。它也会迫使你把精力放在最重要的事情上。

（2）记住，每个人都想成为一个名字，而不是一个数字。你认识的人和你的沟通方式不是基于关系的数量，而是基于质量。

（3）人际关系网，而不是网络。思考人际关系网的最佳方式是采用关系型思维，而不是事务型思维。不要想我能从中得到什么，而是我如何才能与某人建立联系。网络将从组织起来的较小的活动中产生，以优先考虑人员和内容。

（4）善于交际。通过成为社区的一部分来创造社会资本，因为这会让你们彼此加强。就像蜜蜂一样，我们依靠共同的专业知识茁壮成长，并利用群体智慧做出更好的决定。

（5）咖啡馆不是会议室。在小型的亲密的聚会中重现沙龙和咖啡馆，不要认为大型会议是一个很好的替代品，它们是不同的。

（6）社交六人。盘点一下，找出你的“社交六人”。在你的人际网络中，谁才是真正对你重要的人，以及在你需要完成任务时可以依靠谁。

## 6. 时间

无论我们如何计算，我们都不能延长时间。“把时间当身体”。这意味着，你将在你的时间表内加入的东西和你为了身体健康吃进去的东西，喝进去的东西一样重要——你的管理方式连接时代。研究表明，我们现在每天花六个小时上网，我们如何学会珍惜时间，明智地使用它，控制它，使它为简单性原则工作？我关注的六个与时间相关的秘诀是：截止日期、时间表、时区、中断、生物钟、过去和现在。关于时间的六角形是简陋的肥皂泡，六边形在物理学中很受欢迎，因为它总是寻求在空间中效率最高。当你吹出一堆乱七八糟的气泡时，它们也会遵循物理定律，稳定而紧密，变成六边形。

### 时间的六张巩固清单

（1）不要做最后期限。除非你自己设置，常常质疑最后期限和时间表。是真的吗，应该这样做吗，还是有别的办法？

（2）控制你的日历。时间是宝贵的资源，需要积极管理。尽你所能控制使用它产生更高的生产力。

（3）进入时区。弄清楚你的实时区域是什么，当你的工作效率最高时，你是否需要尝试重组？

（4）遵守你的生物钟。了解你的身体在告诉你该如何打发时间。在往外看之前，不要害怕往里看。

（5）办公室是水冷却器。除非有必要，否则不要为办公室操心。在需要工作的地方工作，如果是与互联网相关的，要经常与同事有社交活动。

（6）活在当下。不要浪费时间，用过去的经验来衡量你现在或下一步的表现。关注你现在的生活和需求并付诸行动。

# 六个想法

现在还有六个想法要考虑，我建议你买一些六边形的纸或记事本，然后开始在网上找六边形的形状，看看你是想在视觉上思考侧面、六边形和连接模式，还是只是以更基于文字的方式遵循这些想法。

## 1. 半个六边形

有一个共同的问题就是问题减半，那么六边形的问题呢？首先，找出三件你现在需要解决或改进的事情，用这半个六边形来记下所有“问题”。保持六边形的上半部分为问题，下半部分为解决方案。下一步，想一个你可以与之分享具体问题的人，也许是你的社交六人中的某个人。看看他们是否能帮你找到一个新的角度或者从另一个角度来看待你的观点。

## 2. 六边形映射

我相信你对思维导图很熟悉，但是用六边形试试怎么样？

“六边形映射”（hexa-mapping）是一种让你在幻灯片和你想关注的事物上播放的方式。六边形行动是一个框架，而不是一个僵化的规则。如果你有一只稳定的手，你当然可以画这些六边形。将每个六边形命名为你想关注的东西，然后确定它的六条重要的边或重叠的边。这张图表可以帮助你在不同的问题之间划出界线，当你执行这个特定的映射操作时，比较某些行与其他行的长度以及其他问题的紧凑程度总是很有趣的。

## 3. 时区

如果你经常感到在一天中你不能完全记得做过什么或还有什么要做，就像一种时差一样，尝试着创建个人时区，这基本上是一套关于你做什么和什么时候做什么事的日常规划。没有人是一天中每一秒都在运转的机器，大多数人都有十五个小时左右的清醒时间，三小时的“损耗”仅仅是为了反复起来再躺下或者送孩子上学放学什么的。因此，你每天大约有十二个小时的时间来完成任务并感受到创造性、关联性和简单性。作为一个框架，把一天分为六个部分，每个部分两小时，然后确定六种你每天有规律的活动。诀窍是要灵活，但也要固定：把事情组合起来，以提高效率，但要有足够的空间和足够的多样性，以避免无聊地在一个地方坐太久。当然也要个性化，但通用模板是：

（1）旅行——徒步、地铁、汽车。这是思考的时间、倾听的时间、打电话的时间或者仅仅是站着走动的时间.

（2）过程——比如处理收件箱或准备午餐盒，尽量避免将其混入社交活动中。保持单任务，而不是多任务。

（3）人。你需要或者想要见谁，和谁一起吃饭，或者是和谁一起出去玩？记住网络交流的层次结构，如果是正确的，不要吝啬与人见面。

（4）项目。如果我在大多数日子里不花两个小时做一些有明显结果的事情，比如从整理一块黑板到写一篇文章，我会觉得时差失调的时间不是我的，所以试着完成一些每天真正需要做的事情。

（5）无意识。处于重置模式，即使是20分钟，或者给自己三次这样的休息，但同样没有多任务，那不是休息。

（6）最后，身体。我是说运动或活动。每天都要为运动或活动留出时间。

## 4. 六份清单

谁不喜欢写清单？这很有帮助，但前提是，你要限制“待办”的内容，同时也要专注于“什么时候做”。但是，六份清单实际上是把你正在做的事情组织成一个列表，列出你处理任何事情的六种方式，从一个愉快的任务到一个有问题的任务。所以以下内容给你：

（1）带着问题坐六分钟，前后复习。

（2）组织你周围的六个人进行头脑风暴或社交活动。

（3）以六天、六周、六个月为周期思考：你看到了什么？用六边形地图来规划。

（4）在你的待办事项清单上划出六件事，像阿里安娜·赫芬顿和沃伦·巴菲特那样，减少复杂性！

（5）制作你的指示仪表盘，开始管理你的信息来源。

（6）每一周确保你有一个完整的休息日，一周一次的重置和重新聚焦。

运用六边形，不管是纸面上的还是头脑中的或者作为一种组织原则，都会帮助你实现目标。如果你觉得这很复杂或者不对，就停下来与你的感受联系，如果你有耐心，集中注意力，全神贯注，那么简单的方法肯定会出现在你面前。

## 5. 全年决议

你有没有尝试过不同类型的划分方法，不是把你的一天划分给六种你需要完成的事情，而是将你的一年划分出来。我知道很多人每年一月会列出一长串的新年决心清单，这是很常见的事，但这些决心似乎总是像节食一样不久之后就消失了。如你所知，我宁愿保持简单。我在年初确定了六个目标，这些可以是具体的，如“学习西班牙语”或“每个星期三定一个约会夜”，也可以更广泛和一般，如“更慷慨和富有同情心”或“保持我的个性，大胆说出来”，大约每周六复查一次。如果你不坚持，也许你只需要关注一个或者改变它。重要的是拥有你的意图并重新审视它，保持简单，但不一定没有野心，要有远大的胸襟，因为它符合人生目标！

## 6. 六边形和蜜蜂

最后，想想六种方法，你可以放慢速度，缩小规模，并与大自然交给我们的找到简单解决方案的方法联系起来。这里有六个建议：

（1）用笔和纸写六个小时，而不是用数码方式写，务必要有记事本和笔。如果你能分配好的话，可以分成几天时间写。

（2）有一个“面对面的星期五”而不是“便装星期五”。在这一天，你是要面对面，而不是虚拟地与人见面。

（3）给蜜蜂种些花。如果你没有花园，去一个公共场所，在那里你可以靠近蜜蜂，尽你所能帮助它们为它们和我们的环境授粉。

（4）慢慢来。一边散步一边观察，每周至少六次，尽可能走得长一点。

（5）缩减。少做一点，取得更多成就，保持简单。

（6）尽情地坐在阳光下，然后……只是这样。

把所有这些想象成一组组相连的六边形，它们便形成了可见的模式，并且知道你可以改变。大自然告诉我们，没有什么是固定且不变的。我买了一套可爱的六边形LED灯，可以在厨房的墙上形成各种不同的形状。有时候我会把它们都打开，这能激发我的热情和专注。有时，我只是点亮其中的几个，而且我将它们的模式随着我的心情和一天中的个人需求而调整变化，时不时地会把这本书放下来一分钟，然后想一想：脑子里想的是什么呢？对大多数人来说，开始这些练习不可避免地会感到有点奇怪和强迫，坚持一下，便熟能生巧，就像数字6和完美的六边形蜂巢。去吧，做一只蜜蜂，我们需要你，创造性地、独立地、有力地嗡嗡叫着，保持简单，向大自然学习，祝你好运，感谢你和我一起踏上旅程。

# 致 谢

感谢每一个帮助我建立这个思想蜂巢的人。感谢科根·佩奇杰出的团队，特别是克里斯·库德莫尔、海伦·科根、杰尼·哈里亚、马丁·希尔、苏珊·霍奇森和艾米·乔伊纳；英格拉姆出版服务公司的金·怀利；史密斯公共事业部的玛丽莎·艾本格罗和迈克·奥诺拉托以及公共关系部的肖娜·阿比扬卡。一如既往地感谢我的经纪人伊丽莎白·谢克曼和艾思妮·琼斯。感谢雷切尔·霍里根的后期研究和对待事情的事无巨细，感谢莱斯利·莱文增添了更多的编辑润色。感谢我在编辑情报方面的出色团队，包括劳拉·穆辛斯、索菲·拉迪斯、珊妮丝·希尔兹·米尔斯、卡伦·珀萨德和海登·布朗。我很幸运能和一群不可思议的专业人士一起工作，他们每个人都非常可爱。

感谢一直在我身边支持我的阿拉里克和我们的孩子：罗曼、阿诺什卡、沃尔夫冈和他们的兄妹瑞秋和马克斯。感谢我的妈妈马琳、哥哥安迪和我们的大家庭。还有米齐、利未和达普，我不能把他们排除在外。老实说，写一本书也有痛苦的时候，在关键时刻，我得到了来自他们的鼓励和反馈：汤姆·阿德约拉、杰米·巴特利特、路易丝·切斯特、安德鲁·戴维森、艾玛·吉尔平·雅各布、亨利·切瓦利尔·吉德、查尔斯·汉迪、阿里安娜·赫芬顿、赫敏妮娅·伊巴拉、约翰·凯利、杰玛·莱茵、索菲·莱维、乔伊·罗迪科、艾玛·纳尔逊、布里奇特·尼科尔斯、托尼·曼瓦林、杰西卡·莫里斯、坦尼娅·墨菲、赫米安·穆里尼克、拉琳·保罗、马特·皮科克、里玛·帕尔穆特、伊芙琳·雷诺德、哈里·里奇、斯特凡·斯特恩、杰克·斯托格和瑞秋·沃德……也感谢莉兹·德·普兰塔在她的“仰望”系列中画了一幅《夏天的栗子》，当这本书终于写完的时候，我买了这幅画：谢谢你，我的朋友。

最后，致伦敦克劳奇区莫门托印刷公司的布莱恩和埃利奥特，感谢他们的工作；感谢伦敦莫蒂默街的精神团队，特别是阿德莱蒙和塞西，感谢他们充沛的精力；致詹·帕尔默·维奥莱特和鲁帕尔·坎塔利亚，感谢他们源源不断的六边形照片和物品：这太令人振奋了！最后，像往常一样，感谢穆斯韦尔山实验室果汁吧里的所有人。在我写作时，他们一直把咖啡端到我角落的桌子边，虽然我戴着耳机、低着头，但我抬头时总能看到他们的笑脸。